Erika Frischler
Dr. Wolfgang Exel

Das Glück zu zweit ist erlernbar

Die besten Wege zu einer erfüllten Partnerschaft

Ueberreuter

Die Deutsche Bibliothek – CIP-Einheitsaufnahme

Frischler, Erika:
Das Glück zu zweit ist erlernbar : die besten Wege zu einer erfüllten Partnerschaft / Erika Frischler ; Wolfgang Exel. – Wien : Ueberreuter, 2000
ISBN 3-8000-3762-9

AU 0485/1

Coverabbildung: Contrast/Images Colour Library

Printed in Austria
7 6 5 4 3 2 1

Ueberreuter im Internet: www.ueberreuter.de

Inhalt

9	Einleitung
12	»Ich bin ein Single, na und?«
18	»Sie ist eine Gans, aber ich liebe sie!«
22	Sexuelle Übereinstimmung überschätzt
26	Sexuelle Übereinstimmung unterschätzt
29	Müssen Kinder auf der Strecke bleiben?
34	Impotenz und Frigidität – unabwendbares Schicksal?
40	»Mein Mann geht fremd«
46	Wie böse ist die »böse« Schwiegermutter?
52	Die Macht der Gewohnheit
59	Füße abstreifen – ein Kapitel für sich
67	Gewalt in der Familie
82	Wie streite ich richtig?
97	Eifersucht – ein weites Feld

101 Was kränkt, macht krank
106 »Hilfe, mein Sohn ist schwul!«
110 Den Fremden fürchten, hassen …
114 Ist die Ehe nicht mehr »in«?
121 Gemeinsam jung bleiben
128 Wo sind wir geblieben, du und ich?
135 »Freizeit, die ich meine«
145 Die Frau – eine Weltmacht
156 Der Mann auf der Waagschale
166 Resümee einer Entdeckungsreise
173 Angaben zu den interviewten Experten

Adam an Evas Grab:
»Wo sie war, da war das Paradies.«

Mark Twain

Einleitung

Die Geschichte von Philemon und Baucis gehört zu den berührendsten des klassischen Altertums: Zwei alte Eheleute leben in bitterer Armut und haben dennoch an die Götter keinen anderen Wunsch als gemeinsam zu sterben. Keiner möchte ohne den anderen weiterleben.

Wenn es eine solche Harmonie zwischen zwei Menschen je gegeben hat, gibt es sie in der heutigen Zeit?

Die Realität scheint dagegen zu sprechen. Weltweit steigen die Scheidungsraten. Laut Statistik wird jede vierte Ehe geschieden. Immer wieder schockieren die Medien mit Berichten über »Familientragödien«, weil Beziehungskrisen zu Mord und Totschlag eskalieren.

Trotzdem können wir getrost annehmen, es gibt sie, diese Harmonie. Man begegnet ihr nur selten, denn sie macht keine Schlagzeilen.

Es ist gewiss eine Tatsache, dass etwa seit Großmutters Zeiten die Scheidungsraten dramatisch angestiegen sind, aber es ist zu bezweifeln, ob sich die Zahl der Beziehungskrisen ebenso drastisch erhöht hat. Man muss in Betracht ziehen, dass anno dazumal eine Scheidung ein gesellschaftliches Unding gewesen ist, ein Skandal, der in manchen Berufen sogar zum Ausschluss geführt hat. Es gab vermutlich damals nicht weniger zerrüttete Ehen als heute, nur blieb diese Zerrüttung ohne die Konsequenz einer Scheidung.

Was ist nun schuld an den gestörten Beziehungen? Die »raschlebige Zeit«, der zunehmende Materialismus, der Egoismus?

»Alle Krisenherde auf welchen Gebieten auch immer kommen aus der Natur des Menschen, der seinem Ursprung nach nicht zum Zusammenleben geschaffen ist.« Diese ketzerische Ansicht vertritt der amerikanische Soziologe und Verhaltensforscher McLaren und stellt sich damit in den Gegensatz zu Aristoteles, der behauptet, der Mensch sei seinem Ursprung nach auf Gemeinschaft angelegt, also ein »geselliges Wesen« (zoon politikon).

Der Mensch besteht seinem Ursprung nach hauptsächlich aus seinem Ego. Horden, Stämme und schlussendlich durch Gesetze geregelte Staatsgefüge haben sich erst entwicklungsgeschichtlich herauskristallisiert unter dem Zwang zu überleben. Stammesfehde, ständige blutige Auseinandersetzungen zwischen verschiedenen Völkern und innerhalb eines Volkes bis hinein in den Kern der menschlichen Gesellschaft, der Familie, erhärten diese These. So McLaren.

Ob man nun dem alten Griechen Glauben schenken mag oder dem auch nicht mehr ganz jungen Amerikaner, die Wahrheit liegt vermutlich hier wie nahezu überall in der Mitte.

Wir haben uns mit der Realität auseinander gesetzt und mehr als 40 Ehepaare und Lebenspartner befragt bzw. aus langjährigen Kontakten Informationen gewonnen.

Warum denn soll es nicht auch innerhalb der Spezies Mensch Rudeltypen geben, Herdentypen oder ausgeprägte Einzelgänger?

Vielfach ist es eine zu hohe Erwartungshaltung gegenüber dem Partner, die Beziehungskrisen auslöst. Wir geheimnissen Eigenschaften in ihn hinein, die er gar nicht besitzt, und machen ihm das dann bewusst oder unbewusst zum Vorwurf.

In alten Sagen und Märchen gibt es ein immer wiederkehrendes Motiv, das Motiv des in ein Ungeheuer Verwandelten, der nur unter großen Gefahren erlöst werden kann. Gelingt die Erlösung, gibt es einen Donnerschlag und ein wunderschöner Prinz oder eine Prinzessin zeigt sich und ist durchaus heiratswillig.

Ein archetypischer Wunschtraum? Die Realität verläuft meist umgekehrt. Ein Ehemann zum Beispiel, der erkannt hat, dass er eine Gans geheiratet hat statt einer Prinzessin, wird vergeblich nach dem Zauberkräutlein für die Rückverwandlung suchen. Das gibt es nicht. Und der Frosch, den man an die Wand wirft, kommt als Frosch retour und nicht als Prinz. Wenn wir aber unsere eigenen Mängel betrachten, fällt es uns vielleicht nicht so schwer, die Gans zu akzeptieren oder den Frosch. Denn was immer auch die Urgründe für gestörte Beziehungen sein mögen, eines ist sicher: Die Urgründe für eine harmonische Beziehung sind Akzeptanz und Toleranz.

»Ich bin ein Single, na und?«

Von einem Anwalt wollten wir besonders typische und interessante Scheidungsgründe erfahren. Wir wurden enttäuscht. Rechtsanwalt Dr. Richard Wandl, der in seiner langjährigen Tätigkeit mehr als 1000 Scheidungsfälle bearbeitet hat, erklärt: »Es gibt weder besonders interessante noch typische Scheidungsgründe. Sie variieren zwar von Fall zu Fall, die Hauptursache ist nach meinen Erfahrungswerten aber, dass nur ganz wenige meiner Klienten für ein ständiges Zusammenleben in einer Ehe geeignet waren.«

Der erfahrene Anwalt bestätigt also aus seiner Praxis heraus McLarens Theorie.

Konflikte vorprogrammiert sieht Dr. Wandl »in der naturgegebenen Polarität zwischen Mann und Frau«, den Weg zur Harmonie in einer beiderseitigen Unvoreingenommenheit. (Den Begriff »Toleranz« lehnt der Jurist als überstrapaziertes Klischee entschieden ab).

Seiner Meinung nach ist eine Ehe längst nicht mehr die einzig denkbare Form des Zusammenlebens: »Nur gibt es eine Reihe rechtlicher Facetten, wo eine nichteheliche Gemeinschaft zu wenig geschützt ist.«

Die Ehe ist also nicht mehr das Nonplusultra der Gemeinschaftsformen. Die steigende Zahl der Alleinlebenden beweist das.

Allerdings ist dieses Einzelgängertum nicht immer freiwillig. Viele Menschen sind kontaktarm, enttäuscht und frustriert. Sie würden gerne in einer Gemeinschaft leben, aber es mangelt an der Gelegenheit, der oder die »Richtige« findet sich nicht.

Um es vorwegzunehmen, es soll hier nicht den Einzelgängern das Wort geredet werden. Aber es gilt in diesem Bereich einiges gerade zu rücken, das in der öffentlichen Meinung immer noch schief liegt. Freiwillig ein »Single« zu sein ist nicht notwendigerweise mit einem seelischen Defekt verbunden – es ist ganz einfach eine Eigenschaft. Man braucht die Tag- und Nachtnähe eines anderen Menschen nicht oder empfindet sie sogar als störend. Das schließt – wie oft angenommen wird – die Liebesfähigkeit nicht aus.

Wie eine Liebesbeziehung zwischen Singles aussehen kann, zeigt das Beispiel von Renate und Hans.

Renate ist eine vielbeschäftigte Hotelmanagerin und lebt in einer Garçonnière im Stadtzentrum.

Hans, ein erfolgreicher Reiseschriftsteller, hat seinen Wohnsitz in einem alten Bauernhaus auf dem Land.

Er lebt dort mit einer ältlichen Wirtschafterin, wenn er nicht gerade durch die Welt bummelt.

Renate braucht den Trubel der Großstadt, er nach seinen oft gefährlichen und strapaziösen Reisen sehr viel Ruhe und Landschaft.

Die beiden treffen einander nicht vorprogrammiert an bestimmten Tagen, sondern spontan, einmal in ihrer Stadtwohnung, einmal in seinem Landhaus. Sie besuchen gemeinsam Theater oder Konzerte, und wenn ihnen danach zumute ist, verbringen sie einen gemeinsamen Urlaub. Die Verbindung ist nahezu ungetrübt und dauert zur Zeit bereits 15 Jahre.

Weder er noch sie hat von Anfang an gewusst, dass sie Singles sind, sonst hätten sie sich viel Kummer, Aufregungen und Anwaltskosten gespart. Renate ist einmal geschieden. Hans hat bereits zwei gescheiterte Ehen hinter sich. Er sagt: »Es ist nicht relevant, vor einer Eheschließung den Partner genau zu kennen. Man lernt ihn in allen Einzelheiten seines Wesens und seines Charakters sowieso erst im Zusammenleben kennen. Wichtig ist es, ganz genau zu wissen, wer man selbst ist. Eine Standortbestimmung des eigenen Ichs ist unbedingt angesagt!«

Renates Aussage: »Unverheiratete Männer werden auch in unserem aufgeklärten Zeitalter immer noch vielfach zu Sonderlingen gestempelt, Frauen zu sitzen gebliebenen alten Jungfrauen. Wir kümmern uns nicht um Vorurteile und bekennen uns zu dem, was wir sind: ›Ich bin ein Single, na und?‹«

Was, wenn es schon passiert ist?

Der Fall von Renate und Hans ist ohne Zweifel ein besonderer Glücksfall. Zwei Gleichgesinnte und Gleichgeartete haben sich gefunden. Das ist natürlich nicht immer so. Was nun, wenn es schon passiert ist? Wenn man bereits verheiratet ist und erkennt, dass der Partner ein Single ist oder dass man selbst zu dieser Sorte Mensch gehört? Ist damit das Scheitern der Ehe schon vorprogrammiert?

Das ist keineswegs der Fall. Es kommt nur darauf an, wie man mit dieser Erkenntnis umgeht. Voraussetzung ist natürlich eine genügend starke Bindung. Doch das ist wohl für die Haltbarkeit jeder Form von Partnerschaft die Voraussetzung.

Herbert und Heide haben ihr Problem zu lösen versucht und sie waren mit denkbar einfachen Methoden erfolgreich.

Heide erzählt: »Seit einiger Zeit hing bei uns der Haussegen schief, genau betrachtet seit unsere Kinder erwachsen sind und außer Haus leben. Wir haben das beide festgestellt. Wir wussten nur nicht warum.«

Was unternehmen die beiden nun? Sie treffen sich in dem netten kleinen Restaurant, in dem sie sich kennen gelernt haben, zum Abendessen.

Bei einem Glas Burgunder stellt sich heraus: Herbert ist dem Typ nach ein Einzelgänger. Die ununterbrochene Nestwärme, die ihm Heide in bester Absicht bietet, verursacht bei ihm Aggressionen (»Ich habe es gern ein wenig kühler. Ich brauche mehr Freiraum ...«).

Heide ist dem Typ nach ein Herdenmensch. Sie entnimmt einer illustrierten Frauenzeitschrift, wie man sich kleidet oder frisiert, und sie gibt einmal die Woche ein Kaffeekränzchen für ihre Freundinnen. Ihren Kindern war sie eine fürsorgliche und vorbildliche Mutter. Die Kinder sind flügge und brauchen sie nicht mehr. Ein Defizit ist entstanden. Herbert soll es ausgleichen. Und das genau will er absolut nicht.

Doch Heide ist eine kluge Frau. In dem Glas Burgunder, das sie vor sich stehen hat, spiegeln sich gleichsam die Tatsachen. Sie muss Herbert akzeptieren, so wie er ist, oder sie verliert ihn. Sie entschließt sich für Ersteres. Es ist dies einer der lohnendsten Entschlüsse ihres ganzen Lebens.

Sie beschließen vorerst einmal ganz pragmatische Maßnahmen und entscheiden sich für getrennte Schlafzimmer (Heide redet im Schlaf. Herbert liest gerne bis nach Mitternacht. Für beide fallen damit störende Faktoren weg).

Herbert richtet sich im Keller einen Hobbyraum ein. Bis jetzt hat er in der Küche gebastelt. Für Heide ein Horror. (»Diese räumliche Trennung ist eine Trennung, die uns verbindet.«)

Vor allem aber versucht Heide einige Redewendungen aus ihrem Sprachregister zu streichen (»Nimm den Schal um! Knöpf dir den Mantel zu! Halt dir beim Husten die Hand vor!«)

Wenn sie einmal rückfällig wird, dämpft Herbert seine Wutanfälle. Nach einiger Zeit können beide aufatmen: Es hat sich eingerenkt.

Was aber, wenn die Wohnung zu klein ist für getrennte Schlafzimmer? Nun, Raum ist in der kleinsten Hütte – für eine gewisse Distanz.

Man könnte zum Beispiel die Betten auseinander rücken und ein Nachtkästchen dazwischen stellen. Gegebenenfalls auch einen Paravent.

Es gibt Punktlampen, die nur das Buch anstrahlen und

nicht den ganzen Raum ausleuchten, wenn einer der Partner ein Mitternachtsleser ist.

Es sind zumeist die sogenannten kleinen Dinge, die zermürben. Man kann sie ausschalten oder zumeist abschwächen.

Keine räumliche Beengung aber kennt der Umgang mit dem anderen: In jeder noch so kleinen Behausung kann man es unterlassen, den Partner zu bemuttern oder zu bevatern, wenn ihm das auf die Nerven geht.

Soll er doch ohne Schal in die Winterkälte gehen. Es ist ja schließlich sein Hals, der ihm bei einer Angina wehtut!

»Sie ist eine Gans, aber ich liebe sie!«

»Man muss sehr genau wissen, wer man selbst ist«, sagt der Single Hans. »Eine Standortbestimmung des eigenen Ichs ist wichtig.« Und er hat hundertprozentig Recht damit.

Nur im Fall von Jenny und Wolf-Dietrich hätte das alles nichts genützt. Es war die große Liebe und die macht bekanntlich blind.

Er, Typ »Big Boss«, jeder Zoll Chef einer großen Firma, wuchtig in seiner ganzen Erscheinung, heiratet 38-jährig die 16-jährige Jenny, klein, zart, zerbrechlich wirkend, das kupferfarbene Haar schulterlang, mit Pony, grünäugig, Typ »Meernixe«, nicht geschaffen, den Boden dieser Erde zu berühren, ergo trägt er sie auf Händen.

Er trägt und trägt und sie wird immer schwerer. Nach drei Jahren Ehe hat sie ihr Hochzeitsgewicht bei weitem überschritten, ist aber auch rundlich immer noch süß.

Als Jenny eine Fehlgeburt hat, schließt sie sich in ihr Zimmer ein und weint tagelang. Sie isst nichts und trinkt nichts, außer Unmengen von Creme de mente. Wolf-Dietrich schenkt ihr einen kleinen, weißen Pudel. Sie betreut diesen mit großer Hingabe und wechselt von Creme de mente zu Eiercognac.

Mit 50 – Jenny hat bereits Generationen kleiner weißer Pudel zu Grabe getragen – ist sie immer noch das süße kleine Mädchen mit Pony und schulterlangem Haar (jetzt allerdings schon etwas zu betont kupferfarben). Sie trippelt immer noch auf zierlichen Füßchen und serviert den Tee mit graziösen Handbewegungen, den kleinen Finger weit weg gespreizt, gelegentlich errötet sie völlig grundlos. Das Hochzeitsgewicht hat sich jetzt nahezu verdoppelt. Wolf-Dietrich bekennt einem langjährigen Freund: »Sie ist eine Gans, aber ich liebe sie.«

Mit 52 erkrankt Jenny an Darmkrebs. Sie kann nach einem Eingriff nicht mehr zurückoperiert werden und bekommt einen so genannten künstlichen Ausgang. Den damit verbundenen Reinigungsvorgang übernimmt Wolf-Dietrich. »Sie ekelt sich so«, sagt er. »Und ich habe im Verlauf meiner Karriere schon so viele schmutzige Dinge erledigt, dass ich mir das Grausen abgewöhnt habe.« Und dann fügt er hinzu: »Ich bin mit ihr glücklich gewesen, jetzt bin ich mit ihr unglücklich. Das ist recht und billig.«

Als Jenny stirbt, überlebt er sie kaum ein Jahr.

Ging die Harmonie dieser Ehe allein auf Kosten und zu Lasten des Mannes? Es hat den Anschein. Doch es ist nicht so. Wolf-Dietrich kam voll und ganz auf seine Rechnung. Er, der Rudelführer, hatte ein Weibchen, das ihn restlos als Herrn akzeptierte. Jenny ging keinen Schritt ohne seine Einwilligung und machte keinen Handgriff ohne seine Zustimmung (»Ach bitte, Liebling, koste doch einmal mein Süppchen, ob nicht vielleicht etwas fehlt ...?« – »Aber nein, Schätzchen, es schmeckt ganz vorzüglich, vielleicht noch eine Spur Salz …«).

Man muss vielleicht wissen, dass Wolf-Dietrich in erster Ehe mit Jennys älterer Schwester Marianne verheiratet war, einer bildschönen, selbstbewussten und beruflich sehr erfolgreichen Frau. Die Ehe wurde geschieden, weil er ihr gegenüber gewalttätig war. Er schlug auch den gemeinsamen Sohn, als dieser anfing sich ihm zu widersetzen. (Der Rudelführer kämpfte um seine Vorherrschaft und gegen den potenziellen Rivalen).

»Ich war das Familienungeheuer und Jennys große Kinderaugen sahen mich trotzdem so bewundernd an. Das hat mir gut getan …«

Einer der seltenen Fälle, in denen die »Erlösung« gelingt.

Jennys Unvoreingenommenheit verwandelte das Ungeheuer in einen Märchenprinzen. Sie wusste um das Schicksal ihrer Schwester und liebte ihn trotzdem. Seine negativen Eigenschaften übersah sie oder erkannte sie überhaupt gar nicht. So konnte sich entfalten, was in ihm an positiven Eigenschaften zweifellos vorhanden (aber verschüttet) war. Sie forderte seine Toleranz und seinen Großmut heraus. Er erkannte ihre negativen Seiten zwar ganz klar, duldete sie jedoch als Bestandteil ihrer Persönlichkeit. (Unvoreingenommenheit und Toleranz sind also zwar verwandte, aber keineswegs idente Eigenschaften).

Jenny ist ein Frauentyp, der heute im Aussterben begriffen ist und eigentlich nur noch in nostalgischen Filmen vorkommt: Das süße kleine Dummchen, das die Beschützerinstinkte des Mannes herausfordert. Und auch Wolf-

Dietrich ist ein Auslaufmodell. Eine voll im Wirtschaftsleben integrierte berufstätige Frau von heute weiß mit einem Macho nichts mehr anzufangen (siehe Jennys Vorgängerin).

Das so genannte Rollenbild der Frau hat sich in weiten Teilen der Gesellschaft um 180 Grad gewandelt.

Sexuelle Übereinstimmung überschätzt

Der Verhaltensforscher McLaren warnt vor zwei Erscheinungsformen in einer Gemeinschaft, die zwar konträr in der Bedeutung sind, jedoch unter Umständen gleich in der Auswirkung:

Vor der Überschätzung der sexuellen Übereinstimmung und gleichermaßen vor deren Unterschätzung. Beides könne zu einer Zerrüttung der Beziehung führen.

Zwei Beispiele aus der Praxis geben ihm Recht.

Helenes Familie gehörte zur Dorfarmut (ein Begriff, den es heute glücklicherweise kaum noch gibt).

Die jetzt 62-Jährige erzählt aus ihrer Kindheit: »Ich war ein total verwahrlostes Kind, lief ständig rotzig herum, hatte Läuse und Krätzen. Es gab bei uns keine Taschentücher, keine Handtücher, keine Leintücher, überhaupt keine Tücher, nur irgendwelche Fetzen, die jeweils für irgendwelche Zwecke verwendet wurden. Der Vater war Totengräber und ständig betrunken. Als er einmal völlig blau in ein aufgeschaufeltes Grab taumelte, schlug ihn meine

Mutter mit der Schaufel auf den Kopf und wollte ihn bei Lebzeiten beerdigen.«

Eine Tante holte Helene aus diesem Elend heraus, nahm sie zu sich in die Stadt und gab sie zu einem Friseur in die Lehre. »Er war ein schöner Mann, so um die 40, hatte gewelltes, schwarzes Haar und einen stechenden Blick. Auch roch er so gut.«

Helene hatte mit ihm ihr erstes sexuelles Erlebnis. Freiwillig und ungezwungen. Er gefiel ihr ganz einfach. Sie war damals 14 und ihre Wirkung auf Männer war enorm.

Auch auf den kaufmännischen Angestellten Norbert wirkte sie. Er wollte sie vom Fleck weg heiraten. Doch Helene hatte inzwischen noch eine andere Begabung entdeckt. Sie wollte sich – wie eine Zeitungsannonce versprach – zur Schönheitstänzerin ausbilden lassen. Im Zuge dieser Ausbildung landete sie in einem türkischen Bordell und als sie einem ihrer Freier die Brieftasche klaute, um sich die Heimreise zu finanzieren, im Gefängnis.

Irgendwie gelang es ihr, einen Brief an Norbert herauszuschmuggeln. Er reagierte sofort auf ihren Hilferuf und fuhr mit seinem Motorroller nach Istanbul. Er brachte von diesem abenteuerlichen Unternehmen ein Nierenleiden mit, das ihn für den Rest seines Lebens begleiten sollte, aber auf dem Rücksitz seines Rollers auch die geschundene Helene, vielfach vergewaltigt, verprügelt, aber immer noch begehrenswert.

Sämtliche Tageszeitungen berichteten von dieser »romantischen Geschichte, die das Leben schrieb« ... Sie heirateten – Helene ganz in Weiß – unter Pressebeteiligung, im Blitzlicht der Öffentlichkeit stehend.

Ein Happyend? Nur für die Zeitungen.

Helene berichtet: »Es war die Hölle. Nachts war alles in bester Ordnung. Sexuell verstanden wir uns ausgezeichnet. Doch am Tag beschimpfte er mich, schlug mich und hielt mir immer wieder vor, dass er mich aus dem Dreck gezogen hatte.«

Norbert berichtet: »Außer im Bett war mit ihr nichts anzufangen. Sie konnte nicht einmal kochen, und wenn sie den Mund aufmachte, musste ich mich genieren. Unmöglich sie zu irgendwelchen Veranstaltungen im Betrieb mitzunehmen. Sie machte allen Männern schöne Augen und alle lachten über sie und ihre ordinären Sprüche.«

Die beiden Söhne aus dieser Ehe wuchsen in einem Schreckensszenario auf und wurden ständig Zeugen wüster Beschimpfungen und Prügeleien. Sie konnten später ihr Leben nicht in den Griff bekommen. Der Ältere endete durch Selbstmord, der Jüngere im Gefängnis.

Die Ehe wurde nicht geschieden. Die beiden Partner entschieden sich einvernehmlich für getrennte Wohnsitze.

Helene und Norbert haben nie gelernt miteinander umzugehen. Sie überboten einander in gegenseitiger Abwertung.

Dabei ist sicher einmal eine starke Bindung vorhanden gewesen, sonst wäre er nicht bereit gewesen, so viele Hindernisse zu überwinden und ihr aus der Klemme zu helfen, und sie hätte ihn nicht zu Hilfe gerufen, wenn sie nicht gewusst hätte, dass er bereit sein würde, ihr zu helfen.

Norbert ist sicher der Intelligentere von beiden, aber so intelligent nun auch wieder nicht, um die Bildungsbereitschaft in Helene zu erkennen und richtig zu werten.

Beide haben verabsäumt, gemeinsame Interessen zu suchen, die außerhalb der Bettkante liegen. Vielleicht hätte schon ein Kegelabend genügt oder ein Kartenspiel, um das Miteinander erträglich zu gestalten.

Ihre große gemeinsame Schuld aber ist, dass sie mit dem eigenen Leben auch das Leben ihrer Kinder kaputtgemacht haben. Sie sind in Hass und Feindseligkeit aufgewachsen und sie sind auf der Strecke geblieben.

Sexuelle Übereinstimmung unterschätzt

Norbert und Helene leben getrennt. Ihre Ehe ist zerrüttet, weil sie die sexuelle Übereinstimmung überschätzt haben. Sie haben gleichsam alles auf eine Karte gesetzt und sind dadurch beide zu Verlierern geworden.

Heinz und Maria leben heute ebenfalls getrennt, weil ihre Ehe zerrüttet ist. Sie haben die sexuelle Übereinstimmung unterschätzt. Das Ergebnis ist das Gleiche.

Maria erzählt: »Ich habe als junges Mädchen eine große Enttäuschung erlebt. Heinz und ich sind zusammen aufgewachsen. Wir sind Jugendfreunde. Er hat sich um mich beworben, als ich vollkommen am Boden zerstört war. Ich habe ihn geheiratet, weil ich ihm vertraut habe. Eigentlich ist es eine Art Selbstmord gewesen. Als Mensch habe ich ihn sehr geschätzt, als Mann hat er mir überhaupt nichts bedeutet ...«

Nach 20 Jahren Ehe – einer Beziehung, die sich lendenlahm dahinschleppt – begegnet Maria ihrer so genannten großen Liebe, einem Mann von eher zweifelhaftem Ruf, der aber auf sie eine große sexuelle Anziehungskraft ausübt. Sie bittet Heinz um eine einvernehmliche Auflösung der Ehe. Dieser lehnt ab. Die Begründung: Er sei praktizierender Katholik und als solchem sei die Ehe für ihn unauflöslich.

Damit beginnt die gleiche gegenseitige Abwertung, die bei Norbert und Helene zu beobachten war. Er beschimpft sie als Schlampe, sie bezeichnet ihn als sexuellen Versager: Die gemeinsame Tochter – von der er bezweifelt, dass sie »gemeinsam« ist – schert aus dem unerträglichen Klima des Elternhauses aus und schließt sich einer Kommune an. Die einzige Gemeinsamkeit, die beide Ehepartner noch haben, ist ein Großhandel mit Schneiderzubehör, den sie erfolgreich betreiben.

Nach 42 Jahren Ehe entschließen sich beide zu einer räumlichen Trennung. Er lebt künftig in der Stadtwohnung, sie im Haus auf dem Land. In eine Scheidung hat Heinz nie eingewilligt. Er sagt: »Bis der Tod euch scheidet ...«

Rechtsanwalt Dr. Wandl erklärt dazu: »›Bis der Tod euch scheidet‹, das ist ein großes Wort und schwer zu vollziehen. Es gibt Ehepartner, die schon viel früher geschieden sein wollen, um mit einem anderen Partner ein neues Leben zu beginnen.

Der Fall von Maria und Heinz ist für mich ungewöhnlich, insofern nämlich, als es in meiner Praxis in der überwiegenden Mehrzahl die Männer waren, die eine Scheidung anstrebten, und eher selten die Frauen.«

Zu der Weigerung von Heinz, in eine Scheidung einzuwilligen, meint der Jurist: »Ich habe das des Öfteren erlebt, dass ein Ehepartner die Scheidung aus religiösen Gründen verweigert. Meistens ist das aber nur ein Vorwand. In Wahrheit ist es sehr oft Besitzgier. Man will den anderen ganz einfach nicht loslassen.«

Dr. Wandl verweist in diesem Zusammenhang auf die grundlegenden Änderungen in der Judikatur: »Es hat seinerzeit sogar Fälle von Selbstmord gegeben, weil der Partner – meist war das die Frau – nicht in eine Scheidung eingewilligt hat. Der Gesetzgeber hat daraus Konsequenzen gezogen. Damals war zum Beispiel eine Ehestörung ein Delikt, das mit Geldstrafen und unter Umständen sogar mit Gefängnis bestraft werden konnte.

Rechtsprechung und Gesetzgebung haben sich aber jetzt so weit geändert, dass nach dreijähriger Auflösung der ehelichen Gemeinschaft der Scheidung nicht mehr widersprochen werden kann, falls kein Härtefall vorliegt, etwa eine schwere Erkrankung des Partners. Nach sechs Jahren aber in keinem Fall mehr.

In der Praxis ist es heute so, dass bei Scheidungen um eine Verschuldensfrage kaum noch gekämpft wird. Vernünftige Anwälte lehnen strittige Scheidungen überhaupt ab. Man argumentiert jetzt damit, dass man vorbringt, die eheliche Gemeinschaft sei schon länger als sechs Monate aufgelöst und es kommt dann zu einer Scheidung ohne Verschulden.«

Ganz so simpel ist allerdings eine Scheidung auch nach dem modernen Eherecht nicht. Für eine Scheidung ohne Verschulden ist nämlich ein vermögensrechtlicher Vergleich Voraussetzung. Und das ist oft eine recht haarige Angelegenheit …

Müssen Kinder auf der Strecke bleiben?

Eheliche Auseinandersetzungen lassen sich auch in der besten Partnerschaft nicht immer vermeiden. Kinder sehen aber auch harmlose Plänkeleien zwischen Eltern überdimensional und sind dadurch verstört, ohne sich das nach außen hin mit direktem Bezug anmerken zu lassen.

Kommt es häufig oder gar regelmäßig zu Zwistigkeiten, reagieren Kinder nach außen hin, ohne dass die Ursache sofort erkennbar ist.

Es kommt zu Leistungsschwächen in der Schule, zu aggressivem Verhalten, aber auch zu organischen Störungen wie etwa Asthma, Allergien usw.

Natürlich darf man derartige Erscheinungen nicht mit der Bemerkung herunterspielen: »Das ist doch alles psychisch!« Denn organische Folgen seelischer Belastung können durchaus lebensbedrohend sein und müssen unbedingt korrekt behandelt werden. Um aber eine Dauerlösung zu erzielen, ist eben auch die Ausschaltung der Ursache wichtig. Zu diesem Zweck muss sie zunächst erkannt werden.

In diesem Zusammenhang hätten Lehrer und Lehrerinnen eine verantwortungsvolle Aufgabe. Sie sollten die ihnen anvertrauten Kinder viel genauer beobachten und auf Abweichungen vom üblichen Verhalten reagieren. Leider steckt hinter verändertem Verhalten allzu oft auch sexueller Missbrauch. Meistens liegt die Wurzel aber doch in einer unharmonischen Partnerschaft der Eltern. Vielleicht sollten Lehrer bei Verdacht vorsichtig mit den Eltern ein Gespräch führen. Selbst wenn man dabei meistens auf Ablehnung stoßen wird – vielfach wird es dadurch doch möglich sein, Nachdenkprozesse auszulösen ...

Wieso eigentlich kann seelische Bedrückung »echte« Krankheiten auslösen? Die Antwort liegt im menschlichen Abwehrsystem. Die Immunlage ist nämlich sehr stark abhängig vom unbewussten (vegetativen) Nervensystem. Dieses Nervensystem hat nichts mit jenen Nerven zu tun, die unsere Muskeln anspannen und erschlaffen lassen, die also unsere Gliedmaßen bewegen, unsere Motorik steuern. Das Vegetativum reguliert die Tätigkeit sämtlicher innerer Organe.

Versuchen Sie einmal, Ihrem Bizeps den Befehl zu geben, sich anzuspannen. Kein Problem. Nun aber geben Sie Ihrem Herzen den Befehl, langsamer zu schlagen, Ihren Bronchien, sich zu erweitern, oder Ihrem Darm, den Speisebrei fortzubewegen. Keine Chance. Denn das ist Aufgabe der beiden »Partner« des unbewussten Nervensystems, Sympathikus und Parasympathikus, auch Vagus genannt. Das sind keine mystischen Erscheinungen, an die man glauben kann oder nicht: vielmehr klare, anatomische Strukturen, nämlich spezielle Nerven, die man als Medizinstudent im Sezierkurs finden und darstellen muss.

Um bei den genannten Beispielen zu bleiben – Allergien treten als Folge einer »Fehlprogrammierung« der Immunabwehr auf. Die Abwehr reagiert auf äußere Einflüsse (man kann praktisch gegen alles allergisch sein) überschießend. Eine gefürchtete Konsequenz kann Asthma bronchiale sein, ein mitunter lebensgefährlicher Zustand. Die Bronchien (die luftführenden Wege in der Lunge) verengen sich so, dass der Betroffene nicht mehr atmen kann. Erstickung droht.

In solchen Fällen wirkt sich eine Störung im Bereich des unbewussten Nervensystems, ausgelöst beispielsweise durch Stress (den natürlich auch Kinder empfinden), zweifach aus. Durch das Versagen der Körperabwehr wird die grundsätzliche Bereitschaft zur Allergie mitbewirkt, zusätzlich neigen bestimmte Typen von Menschen dazu, unter Stress mit einer Verengung der Bronchien zu antworten. Dann nämlich, wenn sie besonders stark vom Parasympathikus beeinflusst werden, der zwar das Herz langsamer schlagen lässt, aber auch eine Zusammenziehung jener Muskeln hervorruft, die die Bronchien umschließen.

Das Ganze klingt zwar etwas kompliziert und ist es im Detail auch. Tatsache aber bleibt in jedem Fall, dass Eltern alles daransetzen sollten, um ihren Kindern seelischen Kummer und damit organische Störungen zu ersparen. Daher: Nie Konflikte in Gegenwart der Kinder austragen, die Kinder dafür missbrauchen, dem »bösen« Partner eins auszuwischen! Sonst bleiben in erster Linie die Kinder auf der Strecke.

Bedauerlicherweise sind Menschen in einer zerrütteten Partnerschaft nicht in der Lage, das einzig Richtige zu tun: klare Trennung ohne zermürbenden Kleinkrieg.

Vielleicht sollte es außer Eheberatern auch so etwas wie »Scheidungsberater« geben. Psychologisch geschulte Fachleute, die Wege aufzeigen, wie man sich ohne gegenseitige Zerfleischung voneinander lösen kann.

Patentrezepte dafür gibt es leider nicht. Zu verschieden sind die einzelnen Ausgangssituationen. Schließlich spielt in sehr vielen Fällen auch der finanzielle Aspekt eine wichtige Rolle. Aber Lösungen würde es immer geben, wenn die streitenden Parteien kompromissbereit wären.

Ist eine Trennung einmal beschlossene Sache, so ergibt sich das Problem: Wie bringen wir das unserem Kind bei? Wie soll man ihm beibringen, dass der Vater jetzt woanders wohnen wird, dass Mutti nun einen neuen »Papi« nach Hause bringt oder der Vater eine neue Partnerin hat?

Psychologen raten hier einhellig zur Offenheit. Es hätte keinen Sinn, dem Kind irgendwelche Geschichtchen anzubieten. Sagen Sie die Wahrheit, erklären Sie ganz einfach, dass es vorkommen kann, dass zwei Menschen eben nicht mehr zusammenpassen. Dass sich aber an der Zuneigung beider zu ihrem Kind nichts ändern wird.

Nichts wäre schlimmer als zu versuchen, das Kind mit Psychotricks auf seine Seite zu ziehen, die Beziehung zum anderen Elternteil zu sabotieren (Ausnahme: Wenn das Kind von diesem misshandelt wurde).

Das Kind sollte sich zwar an einen Wohnsitz gewöhnen können, aber doch weiterhin die Möglichkeit der Kontaktaufnahme zum anderen Elternteil haben. Dann hat es weiterhin eine Mutti und einen Vati, es fühlt sich in Kindergarten oder Schule nicht als Außenseiter und hat die Chance, die Trennung der Eltern sanft zu verarbeiten.

Impotenz und Frigidität – unabwendbares Schicksal?

Das Tagebuch ist aus der Mode gekommen (schade, denn es könnte unter Umständen einen Psychiater ersparen!). Kaum noch die Teenager führen ein Tagebuch.

Christine aber führt ein Tagebuch. Sie ist Ende 40, sieht um zehn Jahre jünger aus, schlank, gepflegt. Viele Männer beneiden Toni um seine attraktive und auch liebenswürdige Frau. Doch Christine macht in ihr Tagebuch folgende Eintragung: »Ich glaube, Toni liebt mich nicht mehr. Wahrscheinlich hat er eine Freundin. Habe mir ein tolles Negligé gekauft und schwarze Spitzenunterwäsche. Es nützt alles nichts. Ich bin sehr unglücklich.«

In einem unbewachten Augenblick kommt Toni an die Tagebucheintragung seiner Frau. Er ist zutiefst bestürzt. Er versichert ihr, dass er sie liebe wie am ersten Tag. Er verwöhnt sie, bringt ihr Blumen. Christine resigniert. Sie sagt: »Was soll's, Hauptsache, du liebst mich. Es ist eben Schicksal. Da kann man nichts machen …!«

Ist Impotenz wirklich ein unabwendbares Schicksal oder kann man »etwas dagegen machen«?

Nun, für Potenzprobleme sind Fachärzte für Urologie zuständig. Sie können heute in den meisten Fällen helfen. Zunächst wird eine medizinische Abklärung der Ursache der Störung erfolgen. Es gibt nämlich klare organische Ausgangssituationen für Potenzprobleme, wenngleich sicher die klare Mehrheit der Fälle seelisch bedingt ist. Grundkrankheiten können Diabetes mellitus sein. Auch Erkrankungen der Blutgefäße und durchaus auch Depressionen, um einige Beispiele zu nennen. Weiters ist es möglich, durch Medikamente vorübergehend impotent zu werden, die gegen bestimmte Leiden unbedingt eingenommen werden müssen. In allen Fällen wird der Arzt eine Lösung anbieten können.

Natürlich steht nun mit Viagra eine wirksame »Waffe« gegen viele Arten von Impotenz zur Verfügung.

Aber auch hier muss der Arzt genau abwägen, wem er dieses Medikament verschreibt und wem nicht. Denn es gibt einige Ausschlussgründe, die allesamt mit Herz-Kreislauf-Erkrankungen zu tun haben. Lassen Sie Ihren Arzt darüber entscheiden, ob und in welcher Dosierung beziehungsweise Frequenz Sie Viagra einnehmen dürfen. Andernfalls drohen mitunter tödliche Komplikationen.

Dem grundsätzlich gesunden Mann kann Viagra bei vernünftigem Gebrauch nicht schaden. Die Pille sollte allerdings im Falle seelischer Ursachen nur als »Einstieg« betrachtet werden. Viele Männer brauchen nämlich nur ein »Erfolgserlebnis«, um wieder »funktionieren« zu können.

Ärzte raten, sich trotzdem parallel auch psychologisch betreuen zu lassen. Weil allzu oft Überforderung und falsches Leistungsdenken die Auslöser für Erektionsschwierigkeiten sind. Viagra kann hier nur die Symptome lindern, aber nicht die Ursache beseitigen.

Was die »Wunderpille« noch nicht kann: die sexuelle Lust wieder beschaffen. Rein mechanisch zum Sex wieder fähig zu sein wird auf Dauer auch keine Befriedigung bringen. Daher sollte – nochmals sei es betont – professionelle Hilfe in Anspruch genommen werden, wenn es im Bett hartnäckig nicht klappt.

Das heißt, dass man nicht ein »einziges Mal« als Katastrophe ansehen soll. Hin und wieder keine Erektion zustande zu bringen ist völlig normal und meistens Ausdruck einer taktischen Schwäche: Wer sich nach einem stressigen Arbeitstag im Zustand seelischer und körperlicher Erschöpfung zu sexueller Lust zwingen möchte, wird zwangsläufig Schiffbruch erleiden. Sex sollte nur angestrebt werden, wenn das Umfeld »passt«, wenn die Stimmung beider Partner und die körperlichen wie seelischen Voraussetzungen entsprechend sind.

Um diesen Zustand zu erreichen, sollte natürlich auch der Lebensstil angepasst werden. Zigaretten, zu viel Alkohol und eben Stress, aber auch starkes Übergewicht und mangelnde Kondition sind »Liebeskiller«. Der Rat deshalb: nicht rauchen, Alkohol nur in Maßen genießen, fettarm und vitaminreich essen, ein bisschen Sport betreiben (dreimal wöchentlich eine halbe Stunde den Kreislauf etwas belasten würde reichen) und sein Leben so organisieren, dass möglichst wenig schädlicher Stress entstehen kann. Sie glauben nicht, dass das möglich ist? Doch, Sie müssen es nur einmal ernsthaft versuchen …

Gleichsam das Pendant zur Impotenz des Mannes ist die Frigidität bei Frauen. Was genau ist Frigidität?

Der Arzt Prof. Dr. Erich Müller-Tyl definiert es als Geschlechtskälte, Gefühlskälte, als Fehlen der sexuellen Erregbarkeit bei der Frau, als Unvermögen zur lustbetonten Geschlechtsvereinigung bei begründeten negativen Erfahrungen mit der männlichen Daseinswelt. Ursachen sind oft ein psychisches Trauma, neurotische Fehlhaltung, bedrohendes Vaterbild, mangelnde Erfüllungsfähigkeiten des Partners, untergründige Abwehrhaltung, weiters Fehlerziehung, Gewissensskrupel oder mangelnde heterosexuelle Reife.

Die Frigidität ist eine Erscheinung, die in verschiedenen Lebensphasen durch verschiedene Ursachen bedingt verschieden auftreten kann.

Die Definition des Grades der Frigidität ist äußerst schwierig, da es keine Normwerte gibt, die den Grad der sexuellen Erregung beim Menschen angeben können.

Die menschliche Sexualität spielt wohl die zentrale Rolle, wird aber durch den Partner oder die Partnerin und durch zahlreiche andere Variablen, die den Geschlechtstrieb beeinflussen, gesteuert. Dabei sind viele Vorgänge und Einflüsse auf die Sexualität unbewusst und dadurch wieder schwer definierbar und schon gar nicht messbar.

Die Therapie der Frigidität ist so wie ihre Ursache äußerst schwierig zu ergründen und multifaktoriell.

Eine der ältesten Therapieformen ist die Anwendung von sexuell anregenden Substanzen mit aphrodisischen Eigenschaften. Aphrodisische Nahrungsmittel wie Austern und Aal haben an und für sich keine direkte anregende

Wirkung, sie sind aber auch gänzlich unschädlich. Die anderen Mittel wie zum Beispiel die Spanische Fliege können jedoch äußerst starke Nebenwirkungen aufweisen, die sogar manchmal tödliche Folgen haben können.

In den letzten Jahren hat sich herausgestellt, dass die medikamentöse Behandlung mit dem Steroidhormon Androgen gute Erfolge in der Behebung der Frigidität haben kann. Androgene, die auch bisweilen als männliches Hormon bezeichnet werden, werden jedoch nicht nur beim Mann in den Hoden, sondern auch bei der Frau in den Eierstöcken erzeugt. Auch in der Nebenniere werden verwandte Steroide produziert sowie einige andere Androgene.

Somit spielen Androgene sowohl bei der männlichen wie auch weiblichen Libido eine entscheidende Rolle. Es hat sich jetzt auch gezeigt, dass nicht die absolute Menge nachgewiesener Androgene eine sexuelle Erregungssteigerung und einen Libidozuwachs bringen, sondern nur ein völliger Verlust an Androgenen ein sexuelles Desinteresse zur Folge hat.

Es hat sich weiters an Studien gezeigt, dass eine geringe Androgenmenge die sexuelle Motivierung steigert, jedoch andere zusätzliche Faktoren noch bestimmen, wie kräftig diese Motivation in die Tat umgesetzt wird. Das sexuelle Verlangen und Interesse ist neben den organischen Ursachen auch von Beziehungen, beruflicher Laufbahn, allgemeiner Gesundheit und vielen anderen Faktoren abhängig und ändert sich noch im Laufe des Alters, unabhängig von der Art des Geschlechtes einer Person. Bei Frauen, die wohl einen geringeren Androgenspiegel als

Männer aufweisen, sinkt dieser in physiologischer Weise mit Eintreten der Menopause.

Primär hatte man das Sexualhormondefizit nach der Menopause in erster Linie mit Östrogenen auszugleichen versucht. Durch die Östrogentherapie konnten viele sich auf die Libido negativ auswirkende körperliche Effekte rückgängig gemacht werden, wie verminderte Absonderung von Gleitflüssigkeit, die den Geschlechtsverkehr erleichtert. Es hat sich jedoch gezeigt, dass die reine Östrogentherapie die Libido kaum steigert.

Erst mit der Gabe von geringen Androgendosen ist es gelungen, auch wieder eine Steigerung der Libido bei Frauen herzustellen, die man an der Intensität des sexuellen Verlangens, der Erregung und der Häufigkeit sexueller Phantasien bemessen kann. Es wurde jedoch festgestellt, dass das Androgen weder die physiologischen Reaktionen während des Geschlechtsaktes noch zwischenmenschliche Aspekte des Sexualverhaltens beeinflusste. Daraus folgerte man, dass sich das Hormon in erster Linie auf die sexuelle Motivierung auswirkt. Bei einer langanhaltenden Androgenbehandlung ist als Nebenwirkung eine tiefere Stimme oder verstärkter Haarwuchs im Gesicht der Frauen nicht auszuschließen. Aus diesem Grunde ist nur die Anwendung sehr geringer Androgendosen über längere Zeit angezeigt.

»Mein Mann geht fremd«

An der Eingangstür des eleganten Frisiersalons hängt eine Tafel mit der Aufschrift »Kinder und Hunde erwünscht«. Etliche Passanten nehmen Anstoß an der Verquickung Kind mit Hund, doch die Betroffenen sind begeistert.

Frisierwillige Mütter kommen gerne mit Kind und Hund beziehungsweise mit Kind ohne Hund oder umgekehrt. Es ist einfach gemütlich in dem Salon. Im angrenzenden Raum ist ein Spielzimmer für Kinder eingerichtet, ein Lehrmädchen wird im Bedarfsfall dazu abgestellt, sie zu beaufsichtigen. Hunde bekommen eine Schüssel mit frischem Wasser, die Damen zur schicken Frisur nach Wunsch auch Kaffee. Alles inklusive. Der Frisiersalon ist – wie man so schön sagt – eine Goldgrube.

Das Outfit der tüchtigen jungen Chefin allerdings ist kein Aushängeschild. Sie watschelt mehr breit als hoch von einer Frisur zur anderen, ihr ehemals hübsches Gesicht ist von Akne gezeichnet, das Haar zu sehr aufgeblondet, was sie um Jahre älter erscheinen lässt, und die Kleidung ist ausgesprochen unvorteilhaft.

Eine todunglückliche Person. Daran können auch die vielen Diplome und Anerkennungspreise an den Wänden nichts ändern.

»Mein Mann geht fremd«, klagt sie ihrer Freundin. »Was soll ich tun?« Die Freundin – eine gute Freundin, weil nämlich ehrlich – sagt: »Willst du das wirklich wissen, dann setz dich bequem!« Sie gibt ihr den Rat, sich einmal so in den Spiegel zu schauen, als wäre sie ein wildfremder Mensch, und sich dann nicht mehr darüber zu wundern, dass der Mann fremdgeht.

Vielleicht ein brutaler Ratschlag. Doch er führt die Friseurmeisterin für vier Wochen in eine Kuranstalt, wo sie unter ärztlicher Aufsicht entsprechend abspeckt, ihre Akne erfolgreich behandeln lässt und Diät- sowie Gymnastikpläne mit nach Hause nimmt.

Ihre Frisur führt sie zur Naturfarbe, einem dezenten Dunkelblond, zurück und der gut gehende Salon erlaubt es ihr, sich von Fachleuten ihrem Typ entsprechend einkleiden zu lassen.

Sie ist wie neugeboren und fühlt sich auch so. Ein für sie glücklicher Zufall kommt ihr zu Hilfe: Ihr Mann ertappt seine Freundin in flagranti mit einem anderen.

Er kehrt zu ihr zurück, sie verzeiht ihm und sie beginnen wieder ein normales Eheleben. Ein Happyend? Das wohl nicht, aber möglicherweise ein happy Anfang …

Gar nicht so weit entfernt von dem Frisiersalon wirft eine andere junge Frau in ihrer modern eingerichteten Küche Teller an die Wand. Sie ist aus dem gleichen Grund unglücklich wie die Friseuse: Ihr Mann betrügt sie ebenfalls. Sie hat das eben erst erfahren, und anstatt sich hinzusetzen und zu weinen, schmeißt sie mit Tellern um sich. Es ist Sache des Temperaments, wie man mit seinem Unglück umgeht. Die unglückliche Tellerwerferin ist Chefsekretärin in einer großen Firma. Sie hat sich in einen gut aussehenden jungen Mann verliebt, der in dieser Firma »nur« Monteur ist, und ihn auch geheiratet. Die Mutter des jungen Mannes ist in ebendieser Firma Putzfrau oder besser gesagt eigentlich Oberputzfrau, denn sie beaufsichtigt ihre Kolleginnen und ist für sämtliche Reinigungsvorgänge verantwortlich. Sie besucht ihre Schwiegertochter gerade in dem Augenblick, als der letzte Teller in Scherben fällt. Stillschweigend, als sei alles ganz normal und an der Tagesordnung, nimmt sie Besen und Mistschaufel zur Hand und beginnt das Scherbengericht aufzuräumen. Dann kocht sie Kaffee. Sie ist eine einfache Frau mit einem gesunden Hausverstand.

Sie kann ihre Schwiegertochter zwar nicht leiden, aber sie kann sie verstehen ... Während diese nun in den Kaffee schluchzend sich über den Sohn beklagt, gibt sie ihr einige Denkanstöße. Sie sagt: »Bei der letzten Betriebsfeier hast du ihn vor allen anderen verspottet, weil er den dritten und den vierten Fall nicht auseinander halten kann. Männer haben das nicht gerne. Wahrscheinlich hat er sich eine Frau gesucht, die ihn bewundert. Das nämlich haben die Männer gern. Man muss sie immer nur bewundern. Der Meinige ist auch nicht anders gewesen.«

Dann besucht sie ihren Sohn in der Werkstätte der Firma. »Du musst die Reifeprüfung nachholen«, sagt sie unvermittelt. »Dann ist sie dir nicht mehr über. Und mit dem Flittchen ist es jetzt aus. Hast du mich verstanden!«

Die Frau versucht die Ehe ihres Sohnes zu retten und sie macht das instinktiv richtig. Sie weist die Schwiegertochter darauf hin, dass es falsch war, den Ehemann abzuwerten, und sie zeigt ihrem Sohn einen Weg, sich seiner Frau gegenüber aufzuwerten.

Sie will die Ehe des Sohnes retten, nicht weil sie die Schwiegertochter liebt, sondern ihre vierjährige Enkelin. Sie weiß, dass ihr im Fall einer Scheidung der Zugang zu dem Kind erschwert sein würde.

Es gelingt ihr, die Ehe zu retten. Der Sohn schafft in Abendkursen die Matura. Er hat keine Zeit mehr für Seitensprünge. In der Firma wird ihm eine leitende Stellung angeboten. Er hat jetzt mit seiner Frau »Chefsekretärin« gleichgezogen. (Im Übrigen stellt sich dann auch noch heraus, dass diese gar keine Reifeprüfung hat, sondern »nur« eine zweijährige Handelsschule …).

Es gelingt aber natürlich nicht jeder Frau, über die Untreue ihres Mannes hinwegzukommen. Viele Frauen können damit nicht fertig werden, auch wenn sie ungewollt und unbewusst die Ursache dafür waren. Vertrauen ist die Basis jeder Partnerschaft und Untreue ist ein Vertrauensbruch, der diese Basis zur Gänze zerstören kann.

Auch gibt es selbstverständlich Männer, die notorische Fremdgänger sind. Sie wollen sich ohne besondere Ursache ununterbrochen selbst bestätigt sehen und sind im Sinne einer normalen Partnerschaft nicht liebesfähig.

Ein Ehebruch bedeutet also einen schweren Vertrauensbruch, muss jedoch nicht notgedrungen zum endgültigen Bruch der ehelichen Beziehung führen.

Was bedeutet ein Ehebruch rechtlich gesehen?

Rechtsanwalt Dr. Wandl erklärt: »Ehebruch ist eine Eheverfehlung, denn grundsätzlich besteht vorrangig die Pflicht zur Treue. Nach der heutigen Rechtsauffassung ist jedoch bei jeder Eheverfehlung letzten Endes ein gegenseitiges Abwiegen im Verhalten der Ehepartner zueinander ausschlaggebend.«

Nach Meinung des erfahrenen Juristen ist sehr oft der so genannte schuldlose Teil zumindest unterschwellig an der Konfliktsituation mit schuld.

Die moderne Rechtsauffassung entwickelt sich dahingehend, in den jeweiligen Konflikten ein Bündel von Faktoren zu sehen, und gipfelt in der Erkenntnis, dass mit Schuldzuweisungen vorsichtig umgegangen werden muss, da bei Ehestreitigkeiten ein eindeutiges Verschulden nach menschlichem Ermessen sehr schwer festzustellen ist.

Dr. Wandl zitiert hier einen sehr gescheiten Richter, der einmal einem streitbaren Ehepaar dringend empfohlen hat, sich zu einigen, denn er könne bei einer Ehe, die von so vielen Einzelheiten geprägt sei, das tatsächliche Verschulden nicht menschlich treffend feststellen. Man verlange da zu viel von ihm. Er erklärte, er werde es versuchen, doch ob seine Entscheidung richtig sei, könne er beim besten Willen nicht garantieren. Er sagte: »Wenn Sie sich nicht einigen, wird halt dann einem von Ihnen Recht geschehen …«

Selbstverständlich wäre es jetzt falsch, aus all diesen Erkenntnissen den Schluss zu ziehen: »Nicht der Mörder, sondern der Ermordete ist schuld.« Es wäre nur vielleicht angebracht, in der modernen Judikatur im Hinblick auf Ehestreitigkeiten den Terminus »Schuld« durch »Ursache«

zu ersetzen. Denn Schuld setzt ja, wie die Lateiner sagen, den Dolus, also die List, die böse Absicht voraus. Eine zerrüttete Ehe ist eine tragische Angelegenheit und es darf wohl angenommen werden, dass nur in seltenen Fällen ein Partner mit böser Absicht darauf hinarbeitet.

Wie böse ist die »böse« Schwiegermutter?

Die Karikatur der bösen Schwiegermutter ist heute weitgehend aus den Witzblättern verschwunden. Im Zeitalter der berufstätigen Mütter hat die überhaupt nicht oder nicht mehr berufstätige Schwiegermutter nämlich eine Funktion. Sie wird gebraucht. Sie füllt eine Bedarfslücke, die des unbezahlten Babysitters.

Ihre Einmischung ist natürlich noch immer unerwünscht und sollte besser unterbleiben. Wenngleich diese Einmischung wie in dem zitierten Fall der Chefsekretärin und ihres nicht »standesgemäßen« Ehemannes zuweilen auch von Vorteil sein kann.

Im ländlichen Bereich ist alles langlebiger: die Tradition, die Sitten und Gebräuche und die Vorurteile. Die Altbäuerin Stefanie in einem kleinen Dorf im Weinviertel ist eine böse Schwiegermutter wie aus dem Bilderbuch. Der Hoferbe, der einzige Sohn, hat geheiratet (die drei Töchter sind längst aus dem Haus). Es war eine große Hochzeit und die Altbäuerin hat sie aus ihrer Schatulle bezahlt, denn die Braut ist ein sehr hübsches, aber armes Mädchen. Und dass sie ein armes Mädchen ist, bekommt die junge Bäuerin jeden Tag zu hören. »Die Alte zählt mir jeden Löffel Suppe in den Mund«, beklagt sie sich. »Und ich kann ihr nie genug arbeiten.«

»Sie lackiert sich die Fingernägel und telefoniert jeden Tag stundenlang mit ihrer Mutter.« Das erzählt die alte Bäuerin über die Schwiegertochter im ganzen Ort herum und wie schlampig sie ist und wie faul und dass sie keine Ahnung von der Bauernarbeit hat, weil sie ja aus einer Arbeiterfamilie stammt. Der junge, in seine hübsche Frau verliebte Bauer tut vorerst die Hetzreden seiner Mutter mit einer Handbewegung ab. Doch steter Tropfen höhlt bekanntlich den Stein und der Jungbauer ist kein Stein, er ist im ländlichen Sprachgebrauch ein »woacher Batzn«, ein »Lapp« und seiner Mutter hörig.

Als die Kuh kalbt und die junge Bäuerin nicht im Stall ist, sondern beim Friseur, kommt es zum ersten Krach. Diesem Krach folgt fast jeden Tag ein neuer.

Nach einigen Jahren geht die Ehe auseinander. Die junge Frau kehrt mit den beiden Kindern zu den Eltern zurück und die Altbäuerin herrscht wieder uneingeschränkt über Sohn und Hof. Sie hat das, was sie als ihren Besitz betrachtet, zurückerobert und wird es nicht mehr hergeben. Der junge Bauer bleibt allein bis nach dem Tod der Mutter.

Als die Altbäuerin stirbt, behauptet ein Dorfbewohner, der nachts in feuchtfröhlicher Stimmung nach Hause geht, allen Ernstes, er habe die Stefanie auf einem Besen zum Rauchfang hinausreiten gesehen. Das Paradebeispiel einer bösen Schwiegermutter …

Aber gibt es nicht vielleicht auch »böse« Schwiegertöchter?

Annemarie ist Hausverwalterin. Sie ist nicht gerade reich, aber doch gut situiert. Sie wird von ihrer Schwiegertochter gehasst und kann sich nicht erklären, warum. »Mein Sohn hat sehr jung geheiratet«, erzählt sie, »und ich habe den beiden immer nur geholfen, mich nie aufgedrängt, nie hineingemischt. Was hat sie nur gegen mich?«

Die junge Frau lässt sich keine Gelegenheit entgehen, die Ältere zu beleidigen und zu brüskieren. Der Ehemann, der ein sehr gutes Verhältnis zu seiner Mutter hat, fragt seine Frau: »Was hat du eigentlich gegen meine Mutter?« Sie antwortet ihm: »Ich weiß es nicht, ich könnte es gar nicht sagen. Ich kann sie ganz einfach nicht leiden.«

Doch dann geschieht etwas, das wie ein Wunder aussieht. Die Schwiegermutter erkrankt schwer und wird von der Schwiegertochter aufopfernd gesund gepflegt.

Was hat diesen Sinneswandel bewirkt?

Es ist gar kein Sinneswandel. Die junge Frau kann ihre Schwiegermutter nach wie vor nicht leiden.

Ein altes chinesisches Sprichwort bringt uns der Sache vielleicht etwas näher: »Willst du dir einen Menschen zum Feind machen, dann erweise ihm eine Wohltat.« In einer dem Taoismus verwandten Glaubensrichtung gilt Wohltätigkeit als schwere Sünde, weil sie mit Hoffart verbunden ist und denjenigen, dem die Wohltat zuteil wird, demütigt. Der Wohltäter muss von dem anderen ebenfalls eine Wohltat erbitten und sei sie noch so gering; erst dann ist die Harmonie wiederhergestellt.

Die junge Frau hat sich durch die Hilfeleistung der

Schwiegermutter bedrückt gefühlt und abgewertet. Die anscheinend so aufopfernde Pflege ist in Wahrheit eher ein Racheakt als eine Hilfestellung. »Jetzt bin ich die Großartige und du bist ganz klein und auf mich angewiesen!«

Nach der Genesung der Schwiegermutter ist das Verhältnis zwischen den beiden Frauen zwar nicht gerade herzlich, aber es hat sich normalisiert.

Bevor Christine Eva-Marias Schwiegermutter wurde, war sie ihre mütterliche Freundin. Die beiden Frauen hatten viele gemeinsame Interessen. Sie spielten regelmäßig vierhändig, besuchten Konzerte, gingen gemeinsam in die Oper. Eines Tages lernte Eva-Maria den Sohn Christines kennen, einen jungen, erfolgreichen Anwalt, und sie verliebte sich in ihn. Die beiden heirateten.

Die Freundschaft der beiden Frauen überdauerte auch diese Ehe, die sich bald als Fehlschlag erwies. Der einzige Vorwurf, den Eva-Maria je von ihrer Schwiegermutter zu hören bekam, war nach der Scheidung: »Ich hab dir doch gleich gesagt, du sollst ihn nicht heiraten, er ist für eine Ehe nicht geschaffen!«

Eine Mutter, die ihren Sohn sicher liebt, aber auch genau kennt. Es wäre interessant zu wissen, wie sich die Beziehung der beiden Frauen im umgekehrten Fall entwickelt hätte, nämlich dann, wenn der junge Mann seiner Mutter Eva-Maria als Unbekannte ins Haus gebracht hätte mit der Eröffnung: »Das ist deine zukünftige Schwiegertochter.« Leider wird man nie in Erfahrung bringen können, ob sich auch in diesem Fall zwischen den beiden Frauen eine Freundschaft entwickelt hätte.

In vielen Fällen ist es möglicherweise nur die vorgefasste Meinung, die eine gute Beziehung zwischen Schwiegermutter und Schwiegertochter verhindert.

Das Image der Schwiegermutter hat sich mit dem Rollenbild der Frau gewandelt. Es ist besser geworden. Die Vorurteile aber sind geblieben. Weiterhin besteht zwischen Schwiegermutter und Schwiegertochter sehr oft ein Spannungsfeld, das nicht zu entschärfen ist.

Weshalb werden Schwiegersöhne weit eher von ihren Schwiegermüttern akzeptiert beziehungsweise umgekehrt?

Wie kann man die Spannung zwischen Schwiegermutter und Schwiegertochter entschärfen beziehungsweise gar nicht erst entstehen lassen? Gibt es generelle Ursachen für diese Spannungen und worin sind sie begründet? Das Wort hat Dr. Rudas.

Psychiater Dr. Stephan Rudas hält eine klare »Rollenverteilung« zwischen Schwiegermutter und Schwiegertochter für entscheidend, um Eifersucht beziehungsweise daraus entstehende Konflikte zu vermeiden. Die Ehefrau sollte sich dabei vor Augen führen, dass die erste Frau, die einen Mann geprägt und geliebt hat, die auch von ihm geliebt wurde, seine Mutter ist. Sie hatte die (über)lebenswichtige Funktion des Nährens, der Wärmespendung, der Zuwendung. Die Mutter hat seine erste Liebe geweckt und naturgemäß auf sich gezogen.

Es ist daher völlig logisch und auch richtig, dass Männer, die nicht nur an Jahren, sondern auch seelisch erwachsen geworden sind, ihre Mütter dafür verehren und nach wie vor lieben. Allerdings erleben sie sie nicht mehr als Lebenspartnerinnen, was die Mütter ohne Enttäuschung zur Kenntnis nehmen sollen.

Dr. Rudas empfiehlt daher einen Umgang der beiden Frauen, bei der die erwähnte Rollenverteilung berücksichtigt wird. Die Schwiegertochter etwa könnte sagen: »Du bist seine Mutter, die er liebt und achtet, ich bin seine Lebenspartnerin, mit der er sein Heute teilt.«

Bei dieser Einsicht aller Beteiligten sollte kein Platz mehr für Eifersucht sein.

Die Macht der Gewohnheit

Tante Frieda, 85-jährig, wird von ihren fürsorglichen Verwandten in ein wunderschönes Heim gebracht. Bunte Vorhänge, Blumenvase auf dem Tisch, sorgfältig zubereitetes Essen und freundliches Personal. Bis jetzt hat sie in einer trostlosen, muffigen Zimmer-Küche-Wohnung gehaust und war schon in einem ziemlich verwahrlosten Zustand. Eindeutig eine Wende zum Besseren. In drei Tagen ist Tante Frieda tot. »Einen alten Baum soll man nicht verpflanzen.«

Plötzlich herausgerissen aus der gewohnten Umgebung, hat die Tante die Wende zum Besseren nicht verkraftet.

Leopoldine, mit 75 noch immer eine gepflegte Frau, der man ihr reifes Alter gar nicht ansieht, hat mit 35 einen wenig attraktiven und charakterlich schwierigen Mann geheiratet. Torschlusspanik, nach dem Motto »ein ekelhafter Mann ist besser als gar keiner«. Als der Mann, der sie ein Leben lang schikaniert hat, plötzlich stirbt, bricht sie zusammen.

Die Macht der Gewohnheit ist eine Weltmacht. Sie lässt alte Tanten sterben und Witwen um ungeliebte Männer trauern. Und sie hält Großbritannien als Königreich am Leben, samt den Bärenfellmützen (in solchen Fällen nennt man Gewohnheit dann Tradition).

Für eine Partnerschaft ist die Gewohnheit von großer, wenn nicht sogar von entscheidender Bedeutung. Doch sie ist janusköpfig. Sie hat zwei Gesichter, ein gutes und ein weniger gutes.

Sonja, seit einem halben Jahr verheiratet, beklagt sich bei ihrer Mutter: »Immer ist er dort, wo ich gerade hinwill. Will ich in der Früh ins Bad, rasiert er sich gerade und braucht eine Ewigkeit. Will ich aufs Klo, sitzt er dort. Ständig geht er mir vor den Füßen herum …«

Die Mutter lächelt wissend: »Du wirst dich daran gewöhnen, mein Kind. Es ist nur, weil du dich noch nicht an ihn gewöhnt hast.«

Es wird von entscheidender Bedeutung für den weiteren Verlauf der Ehe sein, wie rasch und wie sehr sich die junge Frau an das Vorhandensein ihres Ehemannes gewöhnt und ob sie ihm eine Daseinsberechtigung einräumt mit all seinen Lebensäußerungen oder nicht.

Maria und Felix sind seit zehn Jahren verheiratet. Man könnte sagen, sie sind bereits Eheprofis. Maria erzählt: »Am Anfang haben wir uns oft gestritten, meist um Kleinigkeiten, zum Beispiel, wer wann wo sein darf. Doch wir haben dann eigentlich rasch eine Lösung gefunden. Eine ganz einfache Lösung: Die beiden arbeiten Woche für Woche einen Plan aus. Sie halten schriftlich fest, wer wann was zu tun hat, zum Beispiel Frühstücksdienst, Einkaufen,

Bettenbau, Badezimmerbenützung und so weiter. Dieser Plan wird an einer Pinnwand in der Küche befestigt und falls es Unklarheiten gibt, deutet einer von den beiden auf diese Pinnwand. Stumm, ohne ein Wort zu verlieren. So wird der morgendliche Stress vermieden. Das ist wichtig, denn beide sind berufstätig. Es gibt keinen Streit mehr.

Maria und Felix haben störende Faktoren kanalisiert. Ihre Beziehung ist dadurch weitgehend aggressionsfrei geworden. Die Gewohnheit kann jetzt ihr freundliches Gesicht zeigen.

Maria sagt: »Wenn ich morgens aufwache, liegt er neben mir. Das ist ein wunderbares Gefühl ...«

Felix erzählt: »Wir halten uns, wann immer es geht, an den Händen, beim Einkaufsbummel, beim Spaziergang und abends beim Fernsehen. Ich könnte mir ein Leben ohne Maria nicht mehr vorstellen.«

Für die vier Freundinnen, die im Haus eines Wiener Bauunternehmers beim Kaffeekränzchen sitzen, hat die Gewohnheit ein unfreundliches Gesicht. Sie besprechen die schlechten Gewohnheiten ihrer Ehemänner. Man könnte ruhig sagen, sie ziehen über ihre Männer los.

Eveline hält den Rekord, sie ist zwar die Jüngste, aber schon zum dritten Mal verheiratet. »Mein Mann pfeift ununterbrochen leise vor sich hin, wenn er in einem Buch liest oder über etwas nachdenkt, das nervt mich so, dass ich aus der Haut fahren könnte!«

Die Freundinnen nicken verständnisvoll. »Mich bringt es zur Verzweiflung, dass mein Mann immer die Suppe schlürft«, seufzt Anneliese. Und Erika sagt: »Da habt ihr trotz allem noch Glück, dadurch seid ihr wenigstens nicht gesundheitlich gefährdet. Mein Mann ist ein Kettenraucher. Aber ich weiß mir zu helfen. Ich reiße auch im kältesten Winter nach jeder Zigarette, die er raucht, die Fenster auf. Das tut ihm weh, denn er ist sehr kälteempfindlich. Doch ich sage: ›Wenn ich deinen Qualm ertragen soll, musst du frische Luft ertragen.‹«

Die Gastgeberin ist relativ schweigsam. Sie hat ein Problem, das sie mit den anderen nicht besprechen will. Trotzdem sagt sie: »Wenn dein Mann die Suppe schlürft, serviere ihm statt dessen Salat ...«

Anneliese macht eine wegwerfende Handbewegung: »Er schlürft auch den Salat«, sagt sie.

Veronika, die Gastgeberin und Gattin eines erfolgreichen Bauunternehmers, ist seit 20 Jahren verheiratet und sie kann ihren Mann manchmal nur ertragen, wenn sie sich vorstellt, dass er tot ist.

Das belastet sie schwer, denn sie ist eine gläubige Katholikin und hält diese Vorstellung für eine schwere Sünde. Sie vertraut sich ihrem Beichtvater an. Der Priester, ein weltoffener, lebenskluger Mann, beruhigt sie. Eine Sünde sei nur, wenn sie ihrem Mann den Tod wünscht. Sich ihn aus ihrem Leben wegzudenken könne sogar sehr heilsam sein. »Wir gewinnen alle durch den Abstand«, sagt er. »Das ist nun einmal so. Sie müssen in Ihre Gedanken auch einbeziehen, was Ihnen dann fehlen würde, nämlich er in seiner ganzen Persönlichkeit, ja vielleicht sogar seine schlechten Gewohnheiten.«

Dann fragt er: »Was konkret stört sie so sehr an ihrem Mann? Behandelt er Sie schlecht?«

Veronika überlegt eine Weile. Sie kann sich nicht sofort

artikulieren. »Nein, er behandelt mich sogar sehr gut«, sagt sie schließlich. »Das ist es nicht. Aber ich soll zum Beispiel nur müde sein, wenn er es auch ist, nur hungrig, wenn auch er Appetit hat, und wenn ich friere und er nicht, dann sagt er, dass ich mir das nur einbilde.«

Der Priester nickt. Er hat begriffen. »Ihr Mann verlangt von Ihnen eine völlige Gleichschaltung?«, fragt er. Sie nickt: »So könnte man es nennen.« Der Priester denkt eine Weile nach. Dann sagt er: »Haben Sie nicht als junges Mädchen gerne gemalt?« Sie nickt und er rät ihr, sich einen Freiraum zu schaffen, eine Domäne, zu der ihr Mann im geistigen Sinne keinen Zutritt hat, zum Beispiel einen Malkurs zu besuchen. Veronika folgt diesem Rat, lässt sich in einen Malkurs einschreiben und beweist beachtliches Talent.

Da geschieht das für Veronika Unbegreifliche: Ihr Mann richtet ihr ein Atelier ein und organisiert für sie Ausstellungen. Er ist stolz auf seine Frau. Und wenn sie jemand am Telefon verlangt, kann es sein, dass er sagt: »Meine Frau ist in ihrem Atelier und malt. Sie darf nicht gestört werden.«

Der Bauunternehmer hat seine Frau immer geliebt. Jetzt bewundert er sie. Er hat begriffen, dass sie eine eigenständige Persönlichkeit ist. Ein neuer Abschnitt beginnt für beide.

Der Priester freut sich. Er hat ein Erfolgserlebnis besonderer Art. Er hat eine Seele gerettet, nicht für die andere, die bessere Welt, sondern für die Welt, in der wir leben.

Vier Damen sitzen beim Kaffeekränzchen beisammen und ziehen über ihre Männer los. Im Nebenzimmer sitzen die vier Ehemänner. Worüber reden sie? Reden sie über ihre Frauen? Nein, sie unterhalten sich über das Fußballmatch vom letzten Samstag. Auf die Frage, was ihn an seiner Frau stört, antwortet der Ständig-vor-sich-hin-Pfeifende nach einigem Nachdenken: »Na ja, sie quetscht die Zahnpasta immer von der Mitte der Tube heraus anstatt vom Ende, aber damit kann ich leben.«

Der Suppenschlürfer sagt: »Wenn sie nicht immer so lang zum Schönmachen brauchen würde, wär's mir recht, aber bitte, dafür ist sie auch wirklich schön.« Der Kettenraucher meint: »Sie reißt ständig die Fenster auf, auch im Winter, aber das macht sie halt nur, weil ihr mein Qualm zuwider ist.«

Der Bauunternehmer ist über diese Frage fast ungehalten. »Was soll mich an meiner Frau stören?«, sagt er. »Mich stört nur, wenn sie nicht da ist. Als sie einmal eine Woche bei ihrer kranken Mutter war, habe ich meiner Schwiegermutter eine Pflegerin engagiert und meine Frau zurückgeholt. Sie singt immer beim Kochen und sie singt schrecklich falsch. Aber sogar ihr abscheulicher Gesang hat mir gefehlt.«

Vier Frauen beanstanden die schlechten Gewohnheiten ihrer Ehemänner und sind dadurch empfindlich gestört. Eine kann ihn fallweise sogar nur ertragen, wenn sie sich vorstellt, dass er tot ist.

Vier Männer bagatellisieren die schlechten Gewohnheiten ihrer Ehefrauen. Es ist für sie gar kein Gesprächsthema, was sie an ihren Frauen stört. Vielleicht ein Zufall, jedenfalls nicht das Ergebnis einer repräsentativen Umfrage.

Es ist allerdings ein Ergebnis, das sich mit dem einer

Testreihe McLarens deckt: Von 120 befragten Ehepaaren erwiesen sich die Männer als großzügiger, toleranter und als weniger anfällig für Störfaktoren. Doch diese Medaille hat auch eine Kehrseite. Die großzügigen Männer neigen weit eher zur Schlamperei als die Frauen, die Toleranten zum Sich-gehen-Lassen und die weniger Störungsanfälligen zur – meist unbewussten – Rücksichtslosigkeit.

Fazit: Wer einen Partner wählt, muss die ganze Medaille nehmen, so wie sie ist, mit beiden Seiten, die untrennbar miteinander verbunden sind.

Füße abstreifen – ein Kapitel für sich

Kein Japaner, egal ob Mann, Frau oder Kind, würde sein Heim mit Straßenschuhen an den Füßen betreten. Hausschuhe in allen möglichen Farben, Formen und Materialien sind in Japan obligatorisch. Die Japaner sind Hygienefetischisten. Sie duschen auch, bevor sie ein Bad nehmen, damit sie das Badewasser nicht verunreinigen.

Kein gläubiger Mohammedaner würde eine Moschee mit Straßenschuhen an den Füßen betreten. Es geschieht dies in diesem Fall weniger aus Gründen der Hygiene. Es ist eine Gebärde der Demut gegenüber Allah.

Und das ist jetzt der springende Punkt. In der so genannten westlichen Welt besteht eine weit verbreitete und tief sitzende Abneigung der Männer, sich beim Betreten ihrer Häuser oder Wohnungen die Straßenschuhe auszuziehen.

Die Hygiene ist für die Männer dieses Breitengrades kein Argument. (Sie duschen oder sie baden. Es sind Alternativhandlungen.)

Warum aber wohl die freundlichste Aufforderung einer

Ehefrau »Ach bitte, Liebling, sei doch so nett und zieh dir die Schuhe aus« zumindest eine mürrische Reaktion, wenn nicht sogar Aggressionen auslöst?

Nun, es ist ganz einfach der Grund, warum die Mohammedaner vor dem Betreten ihrer Moscheen die Straßenschuhe ausziehen, es ist die Demutsgebärde, die damit verbunden ist, die unsere Männer in eine Trotzhaltung versetzt, denn in der Symbolik des alten Volksglaubens ist auch bei uns das Ablegen des Schuhes eine Geste der Demut und Unterwerfung. Der Schuh gilt als Sinnbild von Macht, Recht, Besitz und der geschlechtlichen Fähigkeit. Welcher Mann aber möchte alles das vor seiner Haustüre ablegen! Auch wenn ihm das nicht bewusst ist, es sitzt tief verwurzelt in seinem so genannten Unbewussten.

Ein Ausweg aus diesem Dilemma wäre nun der Fußabstreifer, doch auch er ist ein unbeliebtes bis verhasstes Requisit bei heimkehrenden Ehemännern. Wenn überhaupt, verwenden sie ihn flüchtig und weitgehend unwirksam.

Warum aber dieser Widerstand gegen eine an sich völlig harmlose Fußmatte?

Der verstorbene Psychiater und engagierte Ehetherapeut Prof. Dr. Erwin Ringel hat einmal dafür in einem Gespräch eine ganz einfache Erklärung gefunden (für einen Psychiater relativ einfach): »Der Mann hat dieses Verhaltensmuster nicht eingeprägt. Wenn es ihm von außen aufgedrängt wird, setzt er sich zur Wehr und reagiert unter Umständen sogar aggressiv. Er identifiziert sich mit dem Fußabstreifer, fühlt sich getreten und abgewertet. Er will nicht unter den Pantoffel kommen.«

Nun, dies ließe sich vermeiden, wenn er den Pantoffel anhat. Die Frage ist nur, ob die Frau das Beseitigen männlicher Fußspuren auf dem Parkett oder Linoleum als Verhaltensmuster eingeprägt hat. Das kam nicht zur Sprache. Das Büfett wurde gerade eröffnet.

Eine Ausnahme war der Mann des Biedermeiers. Er bewegte sich in seinem Heim freiwillig und im wahrsten Sinne des Wortes ungezwungen in Pantoffeln. Gemälde berühmter Meister dieser Zeit zeigen ihn bequem im Lehnstuhl, behaglich sein Pfeifchen schmauchend – und in Pantoffeln. Keine Demutsgebärde, sondern Bequemlichkeit. Das ist der Punkt.

Weit vor dieser Zeit und auch noch im Zeitraum danach gehen die männlichen Mitglieder der Landbevölkerung auf handgestrickten Schafwollsocken in den Bauernstuben herum. Sie lassen ihre kotigen »Holzschloackn« automatisch vor der Haustüre stehen, freiwillig wie der Biedermeiermann, aber aus einem ganz anderen Grund.

Aus der Oststeiermark des 17. Jahrhunderts ist folgender Sinnspruch überliefert:

Pferd' verreckn:
großer Schreckn.
Weiber sterbn:
Kein Verderbn.

Wenngleich auch dieser unliebenswürdige Spruch vielleicht nicht wörtlich zu nehmen ist, so lässt er doch tief blicken:

Die Landbevölkerung war damals von einer so bitteren

Armut, wie sie für uns heute kaum noch vorstellbar ist. Nur die reichen Bauern besaßen ein Pferd. Die Armen waren oft ihr ganzes Leben lang an den Viehhändler verschuldet, wenn sie sich ein paar Ochsen leisteten, um dem kargen Boden, dem steinigen Acker das Allernotwendigste abzuringen. Die Frau bekam der Bauer umsonst, ja sogar mit einer, wenngleich auch meist kärglichen Mitgift. Sie rangierte als Arbeitskraft weit hinter dem Pferd und gleich nach dem Ochsen. Die Frau rackerte von früh bis spät auf dem Feld und im Stall, fast jedes Jahr brachte sie ein Kind zur Welt – eine weitere potentielle Arbeitskraft.

Wenn der Bauer nun auch noch den Dreck von den Feldern und Ställen in die Stube trug, war die Frau überfordert. Sie fiel als Arbeitskraft aus und auch für seine sexuellen Bedürfnisse. Deshalb also die Freiwilligkeit, seine Fußbekleidung zu wechseln. So wie er genau wusste, wie schwer er seinen Ochsen belasten durfte, damit er nicht zusammenbrach, hielt er es auch mit seiner Frau.

Wir leben heute im Zeitalter des Raumflugs und der Waschmaschine. Der technische Fortschritt bringt uns nicht nur in ungeahnte Höhen, er reicht auch bis in die Trivialitäten des täglichen Lebens.

Die Frauen im ländlichen Bereich und in der Stadt sind durch diesen Fortschritt nicht nur entlastet, sondern auch aufgewertet. Denn ohne die modernen Küchenmaschinen wäre die ganze schöne Emanzipation auf der Strecke geblieben.

Die junge Frau eines Landtierarztes, der vor kurzem erst seine Ordination eröffnet hat, ist ausgerüstet mit modernen Küchengeräten aller Art. Sie ist aber trotzdem recht verzagt. Als Absolventin einer Musikhochschule und überdurchschnittlich begabte Pianistin ist der Haushalt für sie ein Buch mit sieben Siegeln.

Sie hat sich in ihren Mann auf einem Ball der Hochschülerschaft verliebt und ihn bald darauf geheiratet. An den Haushalt hat sie dabei nicht gedacht. Nur an die große Liebe.

Jetzt schreit das Baby in seinem Gitterbettchen, auf dem Herd kocht die Milch über und ihr Mann latscht mit dreckigen Stiefeln in den Flur und möchte rasch einen Imbiss, bevor er 200 Ferkel gegen Rotlauf impft. Das geht so Tag für Tag. Wenn er sich wenigstens die Füße abtreten würde, damit sie nicht ununterbrochen die Kotpatzen beseitigen muss! Als die ältere Schwester zu Besuch kommt, schüttet ihr die junge Frau das Herz aus: »Ich habe seinetwegen meine Karriere als Pianistin aufgegeben«, sagt die »und er putzt sich meinetwegen nicht einmal die Stiefel ab!«

Die Schwester schüttelt den Kopf. »Warum sagst du ihm das nicht?«, fragt sie. »Weil ich nicht als Xanthippe in Erscheinung treten möchte«, antwortet die Jüngere. »Reden ist Silber, Schweigen ist Gold!« – »In diesem Fall ist Schweigen nicht Gold, sondern Blech«, sagt die große Schwester energisch. »Ihr müsst miteinander reden, ruhig und sachlich, sonst schweigt ihr euch auseinander.«

Als der junge Tierarzt das nächste Mal wieder mit kotigen Stiefeln ins Haus kommt – er will sich ja nur schnell ein Medikament aus seiner Hausapotheke holen –, stellt sich ihm seine Frau in den Weg: »Ich habe deinetwegen meine

Karriere als Pianistin aufgegeben«, sagt sie. »Könntest du dir nicht mir zuliebe die Stiefel abstreifen?« Der junge Mann will zuerst aufbrausen, schließlich schuftet er für Weib und Kind. Er hat fast die ganze Nacht im Kuhstall verbracht und einer Kuh beim Kalben geholfen. Doch dann schaut er seiner Frau ins Gesicht und er sieht, wie jung sie noch ist und wie überfordert. Seine Augen, zuerst voll Zorn, sind jetzt voll Mitgefühl und Verständnis. Es ist ein Augenblick, der für die weitere Entwicklung ihrer Ehe entscheidend sein wird. Denn auch sie sieht jetzt plötzlich, wie abgearbeitet er ist und wie müde. Sie sieht seine rot geränderten Augen von der durchwachten Nacht und sie geht und bringt ein paar Reibtücher. Damit baut sie ihm eine Brücke bis hin zur Hausapotheke. »So«, sagt sie, »da steig jetzt drauf!«

Beim Mittagessen kann der junge Tierarzt seiner Frau eine freudige Mitteilung machen: Man hat ihm die Betreuung der Pferde des örtlichen Reitvereins übertragen, ein Auftrag, der das Salär des jungen Ehepaares wesentlich verbessert. Sie können sich jetzt eine Haushaltshilfe leisten. Die junge Frau hat wieder Freiraum genug zum Klavierspielen. Sie baut sich eine neue Karriere auf.

Im ländlichen Raum findet sie ein dankbares Publikum und sie kann nach einiger Zeit sogar wesentlich zum gemeinsamen Budget beitragen.

Die beiden Ehepartner haben einander im richtigen Augenblick erkannt und füreinander Verständnis gezeigt. Sie haben damit verhindert, dass ihre Liebe an den banalen Kleinigkeiten des Alltags gescheitert ist. Sie hat ihm im wahrsten Sinne des Wortes eine Brücke gebaut, wenngleich nur aus Reibtüchern. Er aber hat erkannt, wie sehr die Musik zu ihrer Persönlichkeit gehört und ihr ermöglicht, diese Persönlichkeit wieder voll zu entfalten.

Die Frau des Landtierarztes will nicht als Xanthippe in Erscheinung treten. Es erhebt sich die Frage: War Xanthippe überhaupt eine Xanthippe?

Um diese Frage korrekt beantworten zu können, müsste man Sokrates, ihren Ehegemahl, näher kennen. Dem Vernehmen nach war er ein so großer, umfassender Geist, der seinen Körper vernachlässigte. Ein schlampiges Genie, könnte man sagen. Er zog durch die Straßen Athens in selbst gewählter Armut und lehrte die Jugend. Verdient hat er dabei so gut wie nichts und zur selbst gewählten Armut gehörte auch selbst gewählter Schmutz, nicht an der Seele, jedoch an Leib und Kleidern.

Xanthippe (aus dem Altgriechischen übersetzt heißt das so viel wie »blondes Pferd«) sah in ihrem Gatten einen Schmutzfink und Tagedieb. Ihr schlichtes Gemüt war nicht imstande, seine Genialität zu erfassen. Die römische Autorin Tilde Nardi bewegt sich in ihrem Buch »Sulle Orme di Santippe« »auf den Spuren der Xanthippe«. Es kann als sicher angenommen werden – das blonde Pferdchen Xanthippe war mit Sokrates überfordert. Sie war ein einfacher Mensch und hielt sehr viel auf Sauberkeit. Wahrscheinlich wäre sie mit einem ebenso peniblen Finanzbeamten glücklich geworden und hätte ihm friedlich und freundlich seine normal verschmutzten Socken gewaschen. Ob sich Sokrates die Füße abgeputzt hat, ist nicht überliefert. Doch es darf angenommen werden, eher nicht.

Der Typ des schlampigen Genies oder des zerstreuten

Professors ist mit Sokrates nicht ausgestorben. Er ist noch mitten unter uns.

Und die Frau, die ihn zum Partner wählt, muss sich darüber im Klaren sein, dass er nicht mit gewöhnlichen Maßstäben zu messen ist.

So erzählt zum Beispiel Mimmi, die Witwe eines Notars, der ein profilierter Jurist und vielseitig gebildeter Mann war, folgende Anekdote: »Ich sagte zu ihm, Otto, bitte kauf dir morgen zur Bürgerversammlung einen neuen Hut, dein alter ist so schäbig.«

Darauf Otto: »Wozu, hier im Ort kennt mich doch sowieso jeder und weiß, wer ich bin.« Eine Woche später will Notar Otto in die Hauptstadt fahren. Mimmi sagt: »Bitte, Otto, kauf dir einen neuen Hut!« Doch Otto, der Notar, erwidert: »Wozu denn, in der Hauptstadt kennt mich doch sowieso keiner!«

Gewalt in der Familie

Oswald – seine Freunde nennen ihn Ossi – bearbeitet seine Frau mit Fausthieben, wirft sie zu Boden und traktiert sie mit Fußtritten. Die Nachbarn reagieren auf ihre Hilferufe und verständigen die Polizei. Die Frau wird mit Rippenbrüchen und inneren Verletzungen ins Spital eingeliefert. Vor Gericht gibt Ossi an: »Sie hat mich provoziert«. (Das war der Rat seines Anwalts, denn Provokation kann als mildernder Umstand gelten.) Wie hat ihn die Frau provoziert? Nun, sie hat ihm wieder einmal den Kaffee zu heiß auf den Tisch gestellt und da hat er sich den Mund verbrannt. Dann ist er halt ausgerastet. Die Frau gibt an, dass er auch schon ausgerastet ist und sie misshandelt hat, weil der Kaffee zu kalt war.

Wer ist Ossi? Es mag vielleicht grotesk klingen, aber Ossi ist Krankenpfleger. Er ist beliebt bei den Patienten und beim Personal. Immer freundlich, immer hilfsbereit und zu einem Scherz aufgelegt. Die Leute sagen: »Unser Ossi tut so was nicht! Nein, nicht unser Ossi ...!«

Allein in Österreich werden jährlich bis zu 300 000 Frauen misshandelt. Die Dunkelziffer ist hoch. Täglich sind mehr als 50 Notrufe von misshandelten Frauen und Kindern zu registrieren. Die Gewalt in der Familie ist keine Privatangelegenheit mehr. Sie wird nicht mehr verschämt totgeschwiegen. Sie dringt an die Öffentlichkeit.

In einer Studie der UNO kommt man zu dem Schluss, dass Frauen aufgrund ihres Geschlechts in fast allen Ländern der Erde von Gewalttaten bedroht sind. Die Täter sind in den meisten Fällen männliche Familienangehörige, Ehemänner, Lebensgefährten. Im Bericht der UNO wird betont, dass die gesellschaftliche Diskriminierung der Frau als Nährboden für die Gewalt an Frauen verantwortlich ist. Die Frau ist nicht nur körperlich, sondern auch wirtschaftlich schwächer als der Mann. Die Toleranz der Gesellschaft gegenüber Gewalttaten in der Familie ist auch heute noch immer relativ groß. (Zu Beginn unseres Jahrhunderts war sogar das »Züchtigungsrecht« des Mannes gegenüber der Frau noch gesetzlich verankert ...) Doch ein Prozess des Umdenkens hat bereits begonnen.

Durch die zunehmende Berufstätigkeit der Frau hat auch ihre Unabhängigkeit zugenommen. Die Frau ist ein wichtiger Wirtschaftsfaktor geworden. Doch noch immer fehlt die Frau in Männerdomänen wie etwa Politik oder Religion. (Wenn zum Beispiel in kriegführenden Ländern Frauen ein wesentliches Mitspracherecht hätten, Frauen, deren Söhne durch den Krieg gefährdet sind, wäre mit Sicherheit eine Vielzahl von Problemen einer friedlichen Lösung zuzuführen).

Immerhin, die moderne Gesellschaft kehrt Gewalttaten

innerhalb der Familie nicht mehr unter den Teppich und tut sie nicht mehr als Privatangelegenheit ab.

Ein erster Schritt, misshandelten Frauen und Kindern Hilfestellung zu leisten, war die Errichtung von so genannten Frauenhäusern, in denen diese Frauen Zuflucht finden können. Häuser dieser Art sind heute in nahezu allen europäischen Ballungsräumen zur ständigen Einrichtung geworden. Sie wurden von den unterschiedlichsten Organisationen gegründet und werden teils durch öffentliche Mittel, teil durch private Spenden finanziert.

Wir haben ein solches »Haus der Frau« in Niederösterreich besucht und wir müssen uns im Gespräch mit der Leiterin, Maria Imlinger, von etlichen vorgefassten Meinungen verabschieden: Erstens, es handelt sich bei gewalttätigen Ehemännern oder Lebensgefährten nicht grundsätzlich um ortsbekannte Randalierer und Rowdys, nicht um Wirtshausraufer und auch nicht um Männer aus den untersten sozialen Schichten.

Die Misshandlungen sind unabhängig von der sozialen Stellung und von der ethnischen oder religiösen Zugehörigkeit. Der Gewalttäter kann genauso der Herr Sparkassendirektor sein wie ein Hilfsarbeiter mit niedrigem Ausbildungsniveau, ein Universitätsprofessor ebenso wie ein Stallknecht.

Auch handelt es sich nicht, wie wir glaubten, um so genannte umgeleitete Aggressionen, sondern um zielgerichtete gegen die Frau.

Maria Imlinger berichtet aus ihrer langjährigen Erfahrung: »Die Täter haben in den allermeisten Fällen ein Ziel. Es muss nicht in erster Linie in der Verletzung oder Schädigung der Person liegen, sondern das Ziel ist es, die absolute Kontrolle über Verhalten der Partnerin und ihre Persönlichkeit zu erlangen. Das Gleiche gilt auch für die Kinder. Die eingesetzte Gewalt ist nur ein Mittel, um diese Kontrolle zu bekommen. In den meisten Fällen wird von den Tätern vor Gericht Provokation angeführt. Das bezieht sich am häufigsten auf die Führung des Haushaltes, mit der ein Mann nicht einverstanden ist, auf das Essen, das zu heiß oder zu kalt oder zu spät auf den Tisch kommt.

Gewalttätige Ehemänner können sich oft in der Öffentlichkeit sehr positiv darstellen. Sie haben nicht selten eine gute gesellschaftliche Position. Geglaubt wird in solchen Fällen dann eher dem Mann als der Frau. Viele Frauen fühlen sich oft auch tatsächlich schuldig.«

Eine misshandelte Frau erzählt: »Ich habe mit dem Essen auf ihn gewartet, und als er dann gekommen ist, war es schon kalt. Und da hat er gesagt, er frisst diesen Fraß nicht. Da hab ich zum Weinen angefangen und da hat er mich zur Wand hingedrückt und mich in den Unterleib getreten. Er hat sich dann entschuldigt und gesagt, dass das halt ein Ausrutscher war. Ich hätte eben das Essen wärmen sollen ...!«

Nach Maria Imlingers Erfahrung nehmen aber solche »Ausrutscher« zu, werden immer häufiger und auch immer brutaler. Manchmal genügt aber auch eine einmalige Anwendung von Gewalt, um das Opfer gefügig zu machen, die Wiederholung muss dann nur noch angedroht werden.

Frauen, die eines dieser Schutzhäuser aufsuchen, sind in dem Augenblick, wo sie es betreten, rechtlich gedeckt, also kann ihnen zum Beispiel nicht böswilliges Verlassen angelastet werden. Sie können zu jeder Tages- und Nachtzeit Schutz suchen und die Hilfe erfolgt rasch und unbürokratisch.

Maria Imlinger empfiehlt den Frauen, sofort um das Sorgerecht für die Kinder anzusuchen, denn gewalttätige Männer holen vielfach die Kinder von Schule oder Kindergarten ab, nehmen sie mit nach Hause und verwenden sie als Druckmittel gegen die Frau.

Maria Imlinger sagt: »Der erste Schritt ist einmal, dass Frauen und Kinder, die Gewalttaten ausgesetzt waren, sich bei uns erholen können. Viele schlafen zum ersten Mal nach langer Zeit einmal eine Nacht durch. Die Frauen können ihre Lage in Ruhe überdenken und haben jede Möglichkeit der Beratung. Rechtsanwälte und Ärzte stehen zur Verfügung. Männer können unser Haus nur auf Wunsch ihrer Frauen betreten. Wenn es zur Aussprache kommt, ist immer eine von unseren Helferinnen anwesend.«

Und wenn die Gewalttäter gewalttätig werden? »Dann gibt es verborgene Alarmknöpfe, die direkt mit der Polizei verbunden sind.«

Aber es gibt in dieser Problematik keine Schwarzweißzeichnung: »Männer, die ihre Frauen misshandelt haben, können dann wieder sehr zärtlich und charmant sein. Es gibt Geschenke aller Art, um die Frau wieder zur Rückkehr zu bewegen. Oft ist auch eine starke Bindung vorhanden.«

Und kehren die Frauen wieder an den häuslichen Herd zurück? »Ungefähr 25 Prozent tun das, aber die meisten von ihnen kommen leider nach einiger Zeit zu uns zurück und suchen wieder Schutz.«

Viele der Frauen haben eine lange Leidenszeit hinter sich, ehe sie sich dazu entschließen, in einem Frauenhaus Schutz zu suchen.

»Sie schämen sich und geben auch bei einer Scheidung sehr oft nicht den wahren Grund an. Frauen aus einfachen Verhältnissen kommen eher zu uns als aus höheren sozialen Schichten. Diese fürchten sich mehr vor einer gesellschaftlichen Ächtung als vor Misshandlungen.«

Männer, die ihre Frauen misshandeln, werden zu 70 Prozent auch ihren Kindern gegenüber gewalttätig. Nicht selten sind es die Kinder, die versuchen, die Mutter zu schützen. Ältere Kinder rufen die Nachbarn zu Hilfe oder die Polizei.

Maria Imlinger: »Auch ein Kind, das nicht direkt selbst geschlagen wird, sondern die Schmerzensschreie der Mutter aus dem Nebenzimmer hört, ist ein misshandeltes Kind.«

Auch Frauen, deren Kinder von Vätern oder Lebensgefährten sexuell missbraucht worden sind, flüchten in das Frauenhaus.

Oft erleben Kinder Misshandlungen, noch bevor sie geboren wurden. Schwangere Frauen sind besonders häufig Ziel von Misshandlungen. Schädigungen und Entwicklungsstörungen des Kindes geschehen vielfach schon im Mutterleib.

60 Prozent der im Rahmen einer Studie untersuchten Kinder in Frauenhäusern in Nordrhein-Westfalen zum Beispiel wurden schon als Baby oder Kleinkind Opfer schwerster Misshandlungen. Die Folgen sind Sprachstörungen, Erbrechen, Bettnässen, Verhaltensauffälligkeiten, Konzent-

rationsschwächen und ein breites Spektrum von Entwicklungsdefiziten.

Den Kindern, die mit ihren Müttern in Frauenhäusern Schutz suchen, wird jede ärztliche oder psychiatrische Hilfe zuteil. Psychologisch geschulte Sozialhelferinnen betreuen sie tagsüber, wenn die Mütter berufstätig sind.

Wir haben unsere Lektion gelernt: Der Macho, der Machtmensch, ist nicht im Aussterben begriffen. Es gibt ihn noch und er ist leider sehr lebendig.

Eine weitere wichtige Lektion: Männer, die Kinder sexuell missbrauchen, müssen nicht notgedrungen Triebtäter sein.

Da ist zum Beispiel der kleine, dicke Max, unansehnlich und komplexbeladen. Keine Frau hat ihn je ernst genommen, nicht einmal seine eigene. (»Sie hat mich nur geheiratet, weil ich als Postbeamter ein sicheres Einkommen habe …«)

Die einzige »Frau«, die zu ihm aufschaut, ihn achtet und bewundert, ist seine kleine, 13-jährige Tochter. Vor allen anderen Frauen fürchtet er sich, hat Hemmungen, ist praktisch impotent. Er missbraucht die eigene Tochter. Vor Gericht erklärt er schluchzend, er liebe sie über alles und er habe ihr nicht wehtun wollen. Es sei eben so passiert und er bereue zutiefst, was er getan hat …

Dem schwer psychisch und körperlich geschädigten Kind nützt diese Reue wenig.

Noch etwas lernen wir dazu: Alkohol spielt sowohl bei Gewalttaten innerhalb der Familie wie auch bei sexuellem Missbrauch von Kindern eine untergeordnete Rolle: Nur 15 Prozent der Täter waren alkoholisiert. Maria Imlinger:

»Was sie getan haben, hätten sie auch in nüchternem Zustand getan.«

Verhaltensforscher kommen zu der Auffassung, dass »Gewalt ein dem Manne von Natur aus innewohnender Trieb« ist und dass es kaum Möglichkeiten gäbe, dieser Gewalt wirkungsvoll zu begegnen.

Der nun schon mehrmals zitierte McLaren bejaht zwar den »innewohnenden Trieb«, hat jedoch bezüglich seiner Bekämpfung eine entgegengesetzte Auffassung.

»Schwäche war schon immer in jedem Zeitalter und Lebensbereich eine Herausforderung für Gewalttäter. Die Gewalt innerhalb der Familie wird in dem Augenblick abnehmen, in dem die Frauen sich selbst zu wehren wissen. Nur die Selbsthilfe wäre hier tatsächlich wirkungsvoll.«

McLaren empfiehlt daher in allen Schulen Praktiken der Selbstverteidigung für Mädchen als Pflichtfach, damit sie sich gegen Gewalt innerhalb und außerhalb der Familie erfolgreich zur Wehr setzen können. »Es muss ins Bewusstsein der Täter, aber auch der Gesellschaft dringen, dass Gewalt, die unwidersprochen bleibt, eskaliert, und dass Frauen und Kinder auch im Rahmen der Familie kein Freiwild sind.«

Sexuellen Missbrauch von Kindern will McLaren in der Rechtsprechung nicht als Sittlichkeitsverbrechen betrachtet sehen, sondern als Kapitalverbrechen.

Denn: »Ein Kind, das oft jahrelang sexuell missbraucht und gequält wurde, hat das ganze Leben zerstört. Und das ist mit Mord gleichzusetzen.«

Zum »dem Manne innewohnenden Trieb der Gewalt«

erklärt der Soziologe McLaren: »Gewalt (Aggression) und Machtbestreben waren für den Mann der Urzeit überlebenswichtig. Der Mann unseres Zeitalters aber hat in diesem Sinne keine natürlichen Feinde mehr. Sein Besitz und seine Sippe sind durch die Gesetze der Zivilisation geschützt. Seine Aggression aber ist ihm geblieben. Er lebt sie an seiner Sippe aus, wenn er nicht imstande ist, sie in geordnete Bahnen zu lenken.« McLaren nennt daher Gewalt, die gegen die eigene Familie gerichtet ist, das »Neandertalersyndrom«.

Er verweist in diesem Zusammenhang auf weltweite Studien, die ergeben, dass an Gewalttaten in der Familie nur zu 20 Prozent Spitzensportler und Schwerarbeiter beteiligt sind. Diese reagieren ihre Aggressionen vorwiegend auf natürliche Weise ab.

McLaren empfiehlt daher für Gewalttäter keine Gefängnisstrafen, die sie ja wieder zur Bewegungsarmut verurteilen, sondern als Strafausmaß und Therapie zugleich schwere körperliche Arbeit.

Eine weitere Studie, die in diesem Zusammenhang gemacht wurde, verweist auf das dramatische Ansteigen der Zahl der Drogensüchtigen auf der ganzen Welt, der Alkoholiker, der psychisch Kranken und auf das Zunehmen der Zahl jugendlicher Gewalttäter. Ein hoher Prozentsatz der Angehörigen dieser Problemgruppen (75 Prozent) wurde in der Kindheit misshandelt oder sexuell missbraucht.

McLarens Appell lautet: »Im Interesse der gesamten menschlichen Gesellschaft ist deshalb das Kind als das schwächste Mitglied dieser Gesellschaft optimal zu schützen und nicht nur durch Alibihandlungen. Es gibt kein wie auch immer geartetes Argument, das zur Gewaltanwendung gegen Frauen und Kindern berechtigt.«

Die Gesellschaft ist sensibilisiert und auch in der Politik beginnt man von der Taktik der Vogel-Strauß-Politik abzuweichen.

Bahnbrechend war hier in den Sechzigerjahren die damalige österreichische Familienministerin Dr. Dr. Marlies Flemming, die den Mut hatte, gegen die Auffassung der eigenen Partei (»Die Familie darf nicht kriminalisiert werden!«, »Keine Eingriffe in die Privatsphäre!«, »Keine Einschränkung der persönlichen Freiheit!« usw.) ein Gesetz zu fordern, das Gewalt als Erziehungsmittel grundsätzlich verbietet. Dieses Verbot ist zwar jetzt im Gesetz verankert, aber kaum jemand hat Kenntnis davon und eine Übertretung bleibt ohne Sanktionen. Aber trotzdem ist mit diesem Gesetz eine Barriere durchbrochen. Zur Zeit bauen Innenministerium und Frauenministerium in Österreich in allen Bundesländern Interventionsstellen auf, die umfangreiche Hilfsangebote für Gewaltopfer bieten sollen. Dazu gehören unter anderem kostenlose Rechtsberatung und eine Vernetzung mit anderen Einrichtungen dieser Art.

Albin Dearing, der Leiter des Präventionsbeirates im Innenministerium, befasst sich vor allem mit der Verbesserung der Situation der Opfer.

Er sagt: »Opfer müssen auch in Strafprozessen gegen den Täter endlich eine vollwertige Parteienstellung erhalten und nicht mehr nur bloß die Zeugenrolle spielen.« Er begrüßt es, dass dieser Vorschlag in der Reform des strafprozessualen Vorverfahrens verwirklicht werden soll.

Dearing bemängelt außerdem, dass die Exekutive ihre Informationspflicht nicht ausreichend erfüllt. »Die Opfer sind völlig unzureichend über ihre Rechte aufgeklärt. Viele Frauen, die von ihren Männern bedroht werden, wissen nicht, wie sie sich rechtlich dagegen wehren können.«

Seit 1. Mai 1997 können in Österreich gewalttätige Männer und sonstige gewalttätige Mitbewohner auch bereits von der Exekutive, ohne Gerichtsverfahren, aus der Wohnung beziehungsweise aus dem Haus gewiesen werden, auch wenn sie die Besitzer sind.

2500-mal innerhalb von sechs Monaten nach Inkrafttreten dieser Verordnung wurde von diesem Recht Gebrauch gemacht.

Der österreichische Innenminister Mag. Karl Schlögl bedauert in diesem Zusammenhang die noch immer hohe Dunkelziffer. Er appelliert an die betroffenen Frauen, ihre Hemmungen zu überwinden und von ihren Rechten Gebrauch zu machen. »Denn gerade diese hohe Dunkelziffer der unbehelligten Peiniger ist für das fürchterliche Phänomen der Gewalt in der Familie verantwortlich.«

Die Exekutive könne aber nur den ersten Schritt zur Gewaltvermeidung machen: »Die Opfer brauchen auch die Solidarität von uns allen.« Schlögl spricht sich dafür aus, dass die Krankenkassen die Kosten für die Therapie von Gewaltopfern übernehmen sollen.

Neu ist ferner, dass auch Einrichtungen der Jugendwohlfahrt eine einstweilige Verfügung zur Ausweisung eines Gewalttäters aus der Familie beantragen können. Durch eine einstweilige Verfügung kann auch dem Gewalttäter ein Verbot erteilt werden, sich an bestimmten

Orten, wie zum Beispiel in der Umgebung des Arbeitsplatzes der Frau, auf dem Schulgelände des Kindes oder des Kindergartens aufzuhalten. Diese Verfügungen sind beim zuständigen Bezirksgericht zu beantragen. Opfer von sexueller Gewalt können jetzt auch Schadenersatz für psychische Schäden verlangen, plus der Kosten für eine Psychotherapie.

Wie man immer so treffend sagt: Das sind richtige Schritte in die richtige Richtung. Es sind Fortschritte zu verzeichnen im Kampf gegen die Gewalt. Aber noch immer ist die Ohrfeige, die einem Kind verabreicht wird, ein – wie es in der Juristensprache heißt – »Erfolgsdelikt«. Das bedeutet im Klartext, sie ist erst dann strafrechtlich relevant, wenn sie den »Erfolg« einer erheblichen Verletzung mit sich bringt, etwa einer Trommelfellzerreißung.

Man sieht, die Menschlichkeit ist ein weites Feld und es gibt noch viel Brachstellen.

Gewalt in der Familie entsteht laut Dr. Rudas in erster Linie aus drei Gründen:

- Wenn die hohen Erwartungen nicht erfüllt werden,
- wenn andere Formen der Begegnung nicht mehr möglich sind und
- wenn man (oder Mann) von Minderwertigkeitsgefühlen geplagt ist.

Zu Punkt 1: Die »Familie« oder eine familienähnliche Partnerschaft ist mit sehr hohen Erwartungen belegt. Sie soll Unterstützung, Anerkennung, Bewunderung, Wärme und

Sicherheit geben. Meistens erhält man all das ohnedies – falls überhaupt – nur in der oder durch die Familie. Sie soll nähren, Ruhe geben, entspannen, unterhalten, begleiten und bei Bedarf auch alleine lassen usw. Sie soll schließlich auch Ort der Erfüllung (zum Beispiel im sexuellen Sinn) sein.

Selbstverständlich können nicht alle Erwartungen erfüllt werden. Das war im Leben immer so und wird auch immer so bleiben. Leider aber wird der »Familie« für alles, was im Leben doch nicht so klappt wie vorgestellt, die Schuld gegeben.

Zu Punkt 2: Gewalt ist letztlich eine, wenngleich schreckliche Form der Begegnung. Sie tritt meist auf, wenn andere Formen der Begegnung nicht mehr für möglich gehalten werden. Wenn man etwa einander nichts mehr zu sagen hat außer Vorwürfen.

Zu Punkt 3: Gewalt in der Familie ist in sehr vielen Fällen ein (in letzter Konsequenz immer missglückender) Versuch, wenigstens daheim Macht zu haben. Männer, die zu Hause zu Gewalt neigen, sind im Leben vielfach Versager. Sie haben im Beruf nichts Nennenswertes erreicht, auch privat ist ihnen Anerkennung versagt geblieben. Also reagieren sie ihre Minderwertigkeitsgefühle mit häuslichem Terror ab. Weil sie mit dem Gefühl der Machtlosigkeit nicht fertig werden. Eine jämmerliche, aber leider überaus häufige Vorgangsweise …

Ein Grund für den Ausbruch von Gewalt in der Familie ist

wohl, dass wir ja nie gelernt haben, auf engstem Raum zusammenzuleben. Daher können wir alle Konflikte ursprünglich nur schlecht lösen. Allerdings kann man Zusammenleben lernen! Gezielte Schulung müsste deshalb greifen.

Ob Gewalt ausgeübt wird, hängt für Dr. Rudas auch von äußeren Einflüssen ab. So sind natürlich oft Alkoholprobleme beteiligt. Gewaltbereite Menschen waren erfahrungsgemäß in der Kindheit oft selbst Opfer von Gewalt. Bedauerlicherweise wird Gewalt nach wie vor als besonders »männlich« verklärt. Man braucht ja nur das Hauptabendprogramm im Fernsehen zu betrachten! Wer bereits gewalttätig war, hat eine niedrigere Schwelle, neuerlich gewalttätig zu werden.

Psychiater Rudas empfiehlt daher, Gewalt auch in kleinsten »Dosen« nicht zu akzeptieren. Wenn es die geringste Gewalttätigkeit zwischen Ehe- oder sonstigen Lebenspartnern gab, muss ganz einfach sofort klargestellt werden, dass das nicht sein darf. Auch dann, wenn einmalige Handlungen schließlich verziehen werden.

Kommt es dennoch zu Wiederholungen, so sollte unbedingt eine dritte Person, die helfen kann, mit einbezogen werden. Opfer zu sein ist keine Schande. Alleine ist man oft zu schwach, sich zu helfen. Also sollten Verwandte oder Freunde über Gewalttaten informiert werden. Der Täter soll sich klar bewusst sein, dass er sich nirgends verstecken kann, dass er entlarvt wurde. Sollte diese Peinlichkeit auch nicht vor weiteren Gewaltakten abhalten, bleiben nur rechtliche Schritte. Wobei sich viele Gewaltopfer in der Familie wesentlich mehr offizielle Hilfe (Polizei, Gericht) wünschen würden.

Noch ein dringender Appell von Dr. Rudas an alle: »Schauen Sie niemals weg, wenn Sie Zeuge von Gewalt werden. Veranlassen Sie Hilfe, zeigen Sie Mut. Das nennt man Zivilcourage!«

Wie streite ich richtig?

Auf dem Stundenplan amerikanischer Schulen gibt es ein neues Unterrichtsfach »Partnerschaftspflege«. Zu den Gegenständen gehört »Wie streite ich richtig?«. Schüler der 5. und 6. Klasse müssen lernen, wie man Eheprobleme rechtzeitig erkennt und sich den Veränderungen in einer Beziehung anpasst. Von dieser Maßnahme erhoffen sich US-Politiker einen Rückgang der zur Zeit dramatischen Scheidungsrate von 40 Prozent. Vorreiter der Eheschulung ist Florida. Senatorin Elaine Bloom sagt: »Wir bereiten unsere Kinder auf das Berufsleben vor, nicht aber auf das Eheleben. Es ist an der Zeit, sie in eine Welt der gesunden Beziehungen einzuführen.«

Die jungen Leute zeigen sich sehr ambitioniert. Die amerikanische Eheberaterin Diane Solee meint dazu: »Unsere Teenager wollen die Fehler ihrer geschiedenen Eltern vermeiden. Sie möchten wissen, wie man Partnerschaften vor dem Scheitern bewahrt.«

Auch die Lehrer sind ambitioniert. Sie lassen den Schülern weitgehend freie Hand und korrigieren vorsichtig und mit sehr viel Einfühlungsvermögen. Es werden Streitsituationen simuliert, sozusagen vor laufender Kamera, denn die einzelnen Szenen sind auf Videofilmen festgehalten, sodass die Schüler ihr Verhalten dann selbst beurteilen können.

George, der Lehrer einer Schule in Miami, will zuerst einmal die grundsätzliche Meinung seiner Schüler zum Thema »Streit« erfahren. Gloria meint dazu: »Wenn meine Mutter mit Vater streitet, kreischt sie mit schriller Stimme, ihr Gesicht ist wutverzerrt und die Haare hängen ihr wirr ins Gesicht. Bevor ich einmal mit meinem Partner streite, mache ich mich sehr schön. Ich glaube, dass ich eher meinen Standpunkt durchsetzen kann, wenn ich ihm gefalle.«

George beurteilt diesen Vorsatz an sich positiv, gibt aber zu bedenken, dass ein Streit meist eine sehr spontane Angelegenheit ist und vielleicht keine Zeit bleibt, sich dafür extra zurechtzumachen. Er empfiehlt Gloria immer gepflegt auszusehen und nicht nur, wenn eine Auseinandersetzung droht.

Mike sagt: »Wenn mein Vater zornig ist, beschimpft er meine Mutter und setzt sie herab. Er gibt ihr immer an allem die alleinige Schuld. Einmal hat er sie sogar geohrfeigt. Ich werde einmal sehr aufpassen, dass ich meine Partnerin bei einem Streit nicht beleidige oder verletze.«

George ist jetzt in einiger Verlegenheit. Er kann Mikes Vater nicht zensurieren. Also sagt er: »Es gibt einen Trick, um Zornige zu besänftigen. Er wirkt fast immer. Man beginnt die eigene Argumentation mit den Worten: Du hast vollkommen Recht, aber vielleicht sollte man doch bedenken, dass ...

Es gibt wenige Menschen, die nicht gerne hören, dass sie vollkommen Recht haben«, so George. In weiterer Folge warnt er vor Schuldzuweisungen, die nichts anderes bringen als Verärgerung beim Partner. Dass Mike mit seiner Partnerin streiten will, ohne sie zu beleidigen, findet er goldrichtig.

Ein klassischer Zankapfel zwischen Ehepartnern ist die Frage der Kindererziehung. George stellt die Aufgabe, sich über das Thema autoritäre oder antiautoritäre Erziehung auseinander zu setzen.

Peter, Lorys »Partner«, sagt: »Ich werde meine Kinder auf alle Fälle antiautoritär erziehen.« Er stellt dieses Vorhaben ganz einfach in den Raum, ohne jede Begründung. Lory antwortet: »Das kommt überhaupt nicht in Frage. Antiautoritär ist Quatsch. Außerdem ist Kindererziehung Frauensache. Männer verstehen davon so gut wie nichts!«

George hat Mühe, zu verhindern, dass sich die beiden in die Haare geraten – er bricht die Diskussion ab und lässt den Film laufen. Peter und Lory haben Gelegenheit, sich selbst ein Bild über ihr Fehlverhalten zu machen.

Tom und Helen sind an der Reihe. Tom sagt: »Ich bin autoritär erzogen worden. Mein Vater hat mich oft geschlagen und mein Selbstwertgefühl hat darunter gelitten. Ich möchte nicht den gleichen Fehler machen und will deshalb meine Kinder antiautoritär erziehen.« Helen hat ihre Lektion gelernt. Sie beginnt ihren Satz mit: »Du hast natürlich vollkommen Recht, aber gäbe es da nicht vielleicht einen vernünftigen Mittelweg?

Auch ich möchte meine Kinder zu freien, selbstbewussten Menschen erziehen, aber doch so, dass sie Rücksicht auf andere nehmen und nicht überall anecken.« Es wird eine Diskussion daraus, mit der George zufrieden sein kann.

Bei Angela und Michael ist der Streit nicht simuliert. Er ist echt. Die beiden sind seit acht Jahren verheiratet und es ist im Allgemeinen eine gute Beziehung. Wenn sie aneinander geraten, dann geht es, wie in so vielen anderen Ehen auch, um Geldfragen. Doch wenn andere Ehepaare wegen Geld streiten, dann ist meistens das Budget knapp. Bei Angela und Michael liegen die Dinge anders. Sie sind keineswegs reich, aber doch recht gut situiert.

Angela leitet eine gut gehende Apotheke und ist am Gewinn beteiligt und Michael ist ein gefragter Computerexperte. Die Ehe ist kinderlos und es gibt auch sonst keine außerordentlichen Belastungen.

Warum streiten also die beiden? Michael sagt: »Angela wirft das Geld mit vollen Händen zum Fenster hinaus. Sie ist ganz einfach verschwendungssüchtig.« Angela hingegen beklagt sich: »Michael ist ein Geizhals. Wenn ich gewusst hätte, wie knausrig er ist, hätte ich ihn nicht geheiratet!« Schwere Geschütze! Wo liegt die Wahrheit? Hermann, ein gemeinsamer Freund, er kennt Angela und Michael von Kindheit an, sagt: »Beides stimmt überhaupt nicht. Weder ist Angela verschwendungssüchtig noch Michael ein Geizhals. Sie ist ganz einfach ein sehr großzügiger Mensch und er ist sparsam.«

Das Verhalten der beiden Ehepartner hat seine Wurzel

in der Kindheit. Angela stammt aus einer wohlhabenden Familie. Sie erzählt: »Bei uns zu Hause war immer alles reichlich vorhanden. Es standen Obstschüssel und Konfektschalen auf dem Tisch und jeder nahm sich, was er gerade mochte. Nie wurde uns etwas zugeteilt. Ich bekam reichlich Taschengeld und musste nie darüber Rechenschaft ablegen.«

Michael berichtet aus seiner Kindheit: »Als mein Vater starb, war ich zehn Jahre alt. Er hinterließ uns nichts als Schulden. Meine Mutter brachte uns recht und schlecht über die Runden. Sie gab Klavierstunden und Nachhilfe in Deutsch und Englisch. Ihre stehende Redewendung war: ›Das können wir uns nicht leisten.‹«

Michael bekam von besser gestellten Verwandten abgelegte Kleider und ein spärliches Taschengeld. Er war immer der arme Verwandte, während Angela aus dem Vollen schöpfte.

Es ist also nicht Geiz, was Michael bei Geldausgaben so vorsichtig sein lässt, sondern die Existenzangst seiner Kindheit und Jugend sitzt ihm noch in den Knochen.

Im Elternhaus von Angela hingegen war Geld nie ein Gesprächsthema. Es war eine Selbstverständlichkeit. Dementsprechend ist auch ihre Einstellung zu Finanzangelegenheiten eine großzügige. Allerdings würde sie nie mehr Geld ausgeben, als sie sich leisten kann. Sie hat das vernünftige Maßhalten einprogrammiert.

Als sie Michael eines Tages eröffnet, dass sie sich ein Reitpferd kaufen möchte, kommt es zu einem heftigen Streit. In seinen Augen ist das ein unerhörter Luxus. Nach Angelas Ansicht ist es ein Hobby, das sie sich im wahrsten

Sinne des Wortes verdient hat und auch leisten kann. Dieser Streit ist ein so genanntes reinigendes Gewitter. Nachdem sie sich einige wenig schmeichelhafte Dinge an den Kopf geworfen haben, setzen sie sich zusammen und reden vernünftig miteinander. Sie gehen der Sache auf den Grund und finden die Ursache ihrer Verhaltensweise heraus. Jeder hat erziehungsbedingt eine völlig andere, entgegengesetzte Einstellung zu materiellen Werten. Da ihre Bindung zueinander sehr stark ist und sie ihre Ehe aufrecht erhalten wollen, finden sie einen Ausweg: Sie beschließen in Hinkunft getrennt zu budgetieren. Angela übernimmt von ihrem Einkommen die Ausgaben für den gesamten Haushalt, wie zum Beispiel Einkauf von Lebensmitteln, Putzmitteln, Reparaturen usw., selbstverständlich auch für ihr Reitpferd, sowohl Anschaffung als auch Erhaltung.

Michael bestreitet die Fixkosten, wie Miete, Strom, Telefon, Heizkosten. Von dem, was beide erübrigen können, wird Garderobe angeschafft, werden größere Investitionen getätigt und Rücklagen für die gemeinsame Urlaubskasse gemacht.

Das Modell funktioniert. Da es sonst keine nennenswerten Streitpunkte in ihrer Ehe gibt, leben sie fortan weitgehend harmonisch.

Und Sie selbst? Sind Sie ein eher großzügiger Mensch? Oder gehören Sie zur Kategorie der Sparsamen?

Sowohl Verschwendungssucht als auch extremer Geiz können Symptome einer ernsthaften psychischen Erkrankung sein. Wie erkennt man diese Symptome?

Dr. Rudas meint: »Wer viel Geld ausgibt, will sich verwöhnen. Er hat das Gefühl, zu kurz gekommen zu sein. Er glaubt noch immer, Liebe ›kaufen‹ zu können oder sich selbst geben zu müssen. Das ist an sich unabhängig davon, ob jemand arm oder reich aufgewachsen ist. Bei Verschwendungssucht sollte fachärztliche Hilfe in Anspruch genommen werden – man kann diese seelische Störung durchaus heilen.«

Doch zurück zum Streit. Ist eine Auseinandersetzung, die emotionellen, heftigen Charakter hat, immer und in jedem Fall negativ zu werten?

Charlotte, einmal geschieden, sieht das anders. Sie erzählt: »Meine erste Ehe war friedlich und monoton. Wir haben fast nie gestritten. Es gab weder Höhen noch Tiefen in unserer Beziehung. Da lernte ich während eines Seminars meinen zweiten Mann kennen. Er erschien mir selbstgefällig und borniert, und als er mich bei einer Diskussion in der Gruppendynamik absichtlich blamierte, nannte ich ihn wutentbrannt einen aufgeblasenen Trottel.

Er lachte und bot mir daraufhin das Du-Wort an. Das war der Beginn einer Freundschaft, aus der sehr bald Liebe wurde.«

Charlotte trennte sich einvernehmlich von ihrem ersten Mann und lebt jetzt in einer Ehe, in der es, wie sie es nennt, »dauernd knistert und nie langweilig ist«.

Charlotte und ihr zweiter Mann sind offensichtlich Menschen, die in ihrer Partnerschaft Spannungen brauchen, und sie wissen auch mit Spannungen umzugehen. Um es musikalisch auszudrücken: Ihre Beziehung besteht aus Dissonanzen und deren Auflösung als Übergang zur Harmonie.

Herbert braucht Harmonie ohne den Umweg über die Dissonanz. Er bezeichnet sich selbst als streitsüchtigen Typ und seine Frau Susanne als die Ausgeglichenheit in Person. Er sagt: »Wenn ich aus dem Betrieb nach Hause komme, liegen meine Nerven blank und jede Kleinigkeit bringt mich in Wut. Meine Frau muss ein Engel sein, dass sie es so lange mit mir ausgehalten hat.«

Und was sagt der »Engel« Susanne? »Herbert ist beruflich total überfordert. Er ist Elektrotechniker wider Willen. Viel lieber wäre er Schauspieler geworden. Aber als einziger Sohn musste er den Betrieb seines Vaters übernehmen. Er hat nie den Mut gehabt, sein Leben nach seinen eigenen Vorstellungen zu gestalten. Ich weiß das und nehme nichts wörtlich, was er mir manchmal an den Kopf wirft.«

Sie lässt ihn austoben, wartet ab, bis er sich beruhigt hat, und nützt dann sein schlechtes Gewissen aus um das durchzusetzen, was ihr am Herzen liegt. Sie sagt: »Weil ich mich nie um Kleinigkeiten streite, hält er mich für friedfertig, denn die Kleinigkeiten überwiegen ja. Wenn mir aber etwas wichtig ist, setze ich mich beinhart durch.«

Ein Engel, von dem man lernen kann …

Es ist schon aus einigen wenigen Beispielen ersichtlich, dass man die Frage »Wie streite ich richtig?« nicht leicht beantworten kann. So wie in der Gestaltung von Beziehungen im Allgemeinen gibt es auch für die Lösung einzelner Probleme keine Patentrezepte.

Allgemeingültig ist vielleicht nur, dass bei Auseinandersetzungen die gegenseitige Zuneigung und Achtung nicht auf der Strecke bleiben soll.

Der chinesische Richter Di hat vor 2000 Jahren einmal zu einem streitbaren Ehepaar gesagt: »Lasst über eurem Zank die Sonne nicht untergehen, damit der Rost der Verbitterung nicht eure Seele zerfrisst.« Dieser Ratschlag hat bis zum heutigen Tag nichts von seiner Weisheit verloren.

Streit kennt viele Wege. Psychiater Stephan Rudas: »Die an einem Streit Beteiligten sollten sich selbst klarmachen, was ihnen an diesem Streit wichtig ist, worum es eigentlich geht. Empfehlenswert ist es deshalb, sich ›Ziele‹ zu überlegen. Was will ich erreichen? Was bin ich wirklich bereit, in einem Streit zu riskieren? Welche Kompromisse sind für mich allenfalls möglich?«

Streitereien um »Schuldfragen« bleiben praktisch immer ohne sinnvolle Ergebnisse. Schuldzuweisungen haben keinen Nutzen. Ebenso wäre es ganz schlecht, im Rahmen eines Streits so zu verletzen, dass nachher keine Verständigung mehr möglich ist, dass sozusagen bereits zu viel Porzellan zerschlagen wurde.

Einige Streitursachen lassen sich übrigens recht einfach durch einen Test herausfinden. Man kann nämlich die tollsten Überraschungen erleben, wenn man z. B. erfährt, wie einem andere Menschen einschätzen. Die Selbsteinschätzung ergibt oft ein völlig konträres Bild. Vielleicht wissen Sie gar nicht, was für ein großartiger Partner Sie sind und umgekehrt, Sie halten sich nur dafür und sind es gar nicht. Versuchen Sie mit Hilfe des folgenden Tests herauszufinden, wie es um Ihre partnerschaftliche Gesinnung steht.

Test 1

Sind Sie für das ständige Zusammenleben mit einem Partner, einer Partnerin geeignet?

Bitte kreuzen Sie in jedem der sechs Frageblöcke je eine zutreffende Antwort an.

Wie geräuschempfindlich sind Sie?

❑ a überhaupt nicht
❑ b überdurchschnittlich
❑ c durchschnittlich
❑ d gelegentlich

Welche Form der Entspannung wählen Sie nach einem arbeitsreichen Tag?

❑ e Einen einsamen Spaziergang
❑ f Einen Kegelabend mit Freunden
❑ g Einen gemütlichen Abend zu zweit
❑ h Ich setze mich vor den Fernseher und trinke ein Bier

Gesetzt den Fall, Sie liegen im Krankenhaus, wünschen Sie Besuche?

❑ i Ja, möglichst viele
❑ j Nein, ich will meine Ruhe haben
❑ k Nur von meinem Partner
❑ l Nur von einem Kollegen, der mich über die Ereignisse auf dem Arbeitsplatz informiert

Geben Sie Ihrem Partner Einblick in Ihre Gehaltsbezüge?

❑ m Nur, wenn er (sie) es auch tut
❑ n Auf keinen Fall, das geht nur mich etwas an
❑ o Selbstverständlich
❑ p Zum Teil

Lassen Sie Ihren Partner von Ihrem Apfel abbeißen?

❑ q Ich teile den Apfel in zwei Hälften
❑ r Nein, das ist unhygienisch
❑ s Ungern
❑ t Selbstverständlich

Angenommen, Sie sind Nichtraucher und Ihr Partner raucht, würden Sie das tolerieren?

❑ u Ich würde ihn (sie) bitten, sich das Rauchen abzugewöhnen, weil es gesundheitsschädlich ist
❑ v Eine solche Beziehung würde ich nie eingehen
❑ w Nicht im Schlafzimmer
❑ x Es wäre mir zwar sehr unangenehm, aber ich würde es hinnehmen

Punkte und Auswertung

a	40	g	40	m	20	s	20
b	10	h	10	n	10	t	40
c	20	i	30	o	40	u	30
d	30	j	10	p	30	v	10
e	10	k	40	q	30	w	20
f	20	l	20	r	10	x	40

220–240 Punkte
Ihre partnerschaftliche Gesinnung grenzt an Selbstverleugnung. Eine Spur Egoismus würde Ihnen gut tun und Ihrer Partnerschaft Würze verleihen.

160–220 Punkte
Sie sind ein guter Partner und man wird sich mit Ihnen nicht langweilen.

100–160 Punkte
Sie müssen einiges dazulernen, sonst gibt es Probleme.

60–100 Punkte
Sie sind ein sehr interessanter Mensch, aber für einen Partner eine harte Nuss. Wenn Sie noch ein Single sind, sollten Sie es bleiben.

Test 2

Wie streite ich richtig?

Sie selbst halten sich vermutlich für friedfertig. Ihr Partner/Ihre Partnerin ist vielleicht vom Gegenteil überzeugt. Beides muss nicht zutreffen. Dieser Test soll dazu beitragen, herauszufinden, wie es wirklich um Sie steht.

Bitte kreuzen Sie in jedem der vier Frageblöcke je eine zutreffende Antwort an.

Ihr Partner ist schlecht gelaunt. Wie reagieren Sie in diesem Fall?

- ❑ a Ich weiche ihm großräumig aus, gehe allein ins Kino oder besuche Freunde.
- ❑ b Ich sage ihm gehörig die Meinung. Wo kämen wir denn hin, wenn sich jeder so gehen lässt!
- ❑ c Meine Laune verschlechtert sich ebenfalls. Was er kann, kann ich auch!
- ❑ d Ich frage ihn nach der Ursache der Verstimmung und versuche ihn aufzuheitern.

Gesetzt den Fall, Sie haben eine Führungsposition in einer großen Firma und einer Ihrer Mitarbeiter ist mit einer Entscheidung, die Sie getroffen haben, nicht einverstanden. Wie verhalten Sie sich ihm gegenüber?

- ❑ e Ich versetze ihn in eine andere Abteilung, denn ich kann in meinem Bereich keine Störfaktoren brauchen.

❑ f Ich versuche ihn von der Richtigkeit meiner Entscheidung zu überzeugen.

❑ g Ich ziehe in Erwägung, dass er mehr Fachkenntnis und Erfahrung hat als ich, und frage ihn, wie er entschieden hätte.

❑ h Da ich als Leiter der Abteilung die alleinige Verantwortung trage, entscheide ich auch alleine.

Die Hühner Ihres Nachbarn scharren in Ihrem frisch bepflanzten Kräuterbeet. Was unternehmen Sie dagegen?

❑ i Ich ersuche den Nachbarn höflich, seine Hühner einzufangen und die Lücke in seinem Zaun zu schließen.

❑ j Ich fange eines der Hühner ein, drehe ihm den Kragen um und bereichere meinen Speisenzettel.

❑ k Ich zäune mein Kräuterbeet ein, damit die Hühner nicht mehr hineinkommen können.

❑ l Ich lasse ihm durch meinen Anwalt schreiben und verlange Schadenersatz für das verwüstete Beet.

Angenommen, Sie sind kurzsichtig und verlegen Ihre Brille. Was tun Sie um sie wieder zu finden?

❑ m Ich setze meine Ersatzbrille auf und suche die andere Brille.

❑ n Da ich meine Brille immer an ein und demselben Platz aufbewahre, kann ich sie gar nicht verlegt haben, also liegt Fremdverschulden vor. Ich suche nach dem Schuldigen!

❑ o Ich rufe den hl. Antonius an, den Schutzpatron aller Suchenden.

❑ p Ich erwarte von meinen Familienangehörigen, dass sie alle andere Tätigkeiten unterbrechen und mir suchen helfen.

Punkte und Auswertung

a	5	e	15	i	1	m	2
b	15	f	5	j	15	n	15
c	15	g	1	k	5	o	1
d	1	h	10	l	10	p	10

Mehr als 35 Punkte

Mit Ihnen ist nicht gut Kirschen essen. Sie sind ein streitbarer Geist.

20 bis 35 Punkte

Den Friedensnobelpreis verdienen Sie auch nicht, aber man kann mit Ihnen zurecht kommen.

10 bis 20 Punkte

Sie haben ein gutes Durchsetzungsvermögen, aber Sie lassen andere auch noch gelten.

0 bis 10 Punkte

Sie sind ausgesprochen friedfertig, vielleicht sogar gleichgültig. Etwas mehr Selbstbehauptung könnte nicht schaden.

Eifersucht – ein weites Feld

Ein Mann wirft die Katze zum Fenster hinaus. Der Grund: Seine Frau hat zuerst die Katze gefüttert und erst dann sein Essen hergerichtet. Eine Ehefrau beklagt sich: »Mein Mann ist mit der Firma verheiratet. Sein Interesse an mir ist zweitrangig.« Ein junger Ehemann sagt verbittert: »Seit wir das Baby haben, bin ich bei meiner Frau abgemeldet!«

Die Eifersucht ist ein weites Feld. Sie kann sich auf den Beruf des Partners beziehen, auf ein Haustier, ja sogar auf die eigenen Kinder. Die markantesten Fälle von Eifersucht sind im Bereich der Partnerschaft zu finden. Sie können im Extremfall bis zu Mord und Totschlag reichen. Es gibt hier keine Typisierung der Eifersucht, die zutreffend wäre. Laienhaft ausgedrückt: Der Verstand klinkt aus, die Sicherungen brennen durch, beim Phlegmatiker ebenso wie beim Choleriker.

Man muss jedoch unterscheiden zwischen begründeter und unbegründeter Eifersucht. Im Fall der tellerwerfenden Chefsekretärin und der übergewichtigen Friseuse war die Eifersucht begründet. Es gab einen konkreten Anlass. Die

Ehemänner gingen tatsächlich fremd. Aber auch dieses »Fremdgehen« war begründet.

Im ersten Fall war es die ständige Herabsetzung des Mannes durch die Ehefrau, die sich ihm geistig überlegen glaubte. Er suchte Anerkennung bei einer anderen Frau. Im zweiten Fall vernachlässigte die Frau ihr Äußeres. Der Ehebruch führte in beiden Fällen nicht zum Bruch der ehelichen Beziehung. Die Ehefrauen korrigierten ihr Fehlverhalten und beseitigten damit auch den Grund zur Eifersucht.

Unbegründet war die Eifersucht eines hochkarätigen Politikers auf seine um 20 Jahre jüngere und bildschöne Gefährtin.

Er verdächtigte sie mit sämtlichen Freunden, mit dem Hausarzt, mit dem Briefträger und mit dem Friseur. Fast täglich machte er der jungen Frau Szenen, die überhaupt nicht daran dachte, ihn zu betrügen, denn sie liebte und bewunderte ihn. Bis eines Abends dann die Wende eintrat.

Das Paar saß in einem Prominententreff und dinierte. Es servierte ein gut aussehender serbischer Kellner und die junge Frau lächelte ihm freundlich zu.

»Der gefällt dir wohl«, sagte der Politiker, »und du möchtest gerne mit ihm ins Bett gehen.« Da sprang die junge Frau (eine ungarische Schauspielerin) auf, warf den Tisch um und schrie: »Igen, möchte ich mit ihm schlafen, du Esel!«, lief auf den Kellner zu, umarmte ihn und gab ihm einen Kuss. »So, und das ich mache jedes Mal, wenn du mir verdächtigst!«, rief sie. Dem Vernehmen nach war der Mann ab diesem Zeitpunkt von seiner Eifersucht geheilt.

Es könnte sein, dass der eifersüchtige Politiker, der ja ein hochintelligenter Mann ist, durch dieses Schockerlebnis zur

Besinnung gekommen war. Vermutlich war es keine ausgesprochen krankhafte Eifersucht.

Das Schockerlebnis, das ein junger Wissenschafter mit seiner Frau hatte, war völlig anderer Natur. Diese Frau, die ihn immer wieder mit Eifersuchtsszenen quälte, begleitete ihn auf einer Afrikaexpedition, und da sie offensichtlich unter der Klimaveränderung litt, überredete er sie, mit anderen Expeditionsteilnehmern einen Ausflug ans Meer zu unternehmen. Dieser Ausflug sollte mehrere Tage dauern. Als der Wissenschafter abends seinen Schlafplatz aufsuchte, schreckte ihn ein Geräusch unter seinem Bett auf. Er dachte an ein Tier, das sich eingeschlichen hatte, und sah mit äußerster Vorsicht nach. Seine Frau lag unter seinem Bett. Sie hatte die Teilnahme an dem Ausflug nur vorgetäuscht. Sie wollte ihn in flagranti mit einer Assistentin überraschen, die sie schon lange in Verdacht hatte. Ein Verdacht, der völlig unbegründet war.

Der geschockte Ehemann vertraute sich einem Arzt an, der ebenfalls an der Expedition teilnahm. Dieser äußerte Verdacht auf Eifersuchtsparanoia und riet zu einer psychiatrischen Behandlung.

Was sagt der Psychiater Dr. Rudas zum Thema Eifersucht? Wann ist sie als krankhaft anzusehen? Was geht in einem Menschen vor, der aus gekränkter Liebe »durchdreht« und zum Mörder oder Selbstmörder wird? Ist er »zum Zeitpunkt der Tat« zurechnungsfähig oder nicht?

Dr. Rudas: »Auf die Partnerin/den Partner eifersüchtig zu sein ist eine sehr verbreitete, menschliche Emotion. Es gibt wohl kaum jemanden, der nie eifersüchtig war. Es geht demnach hier um die Neigung, besonders häufig oder besonders stark oder besonders unsinnig eifersüchtig zu sein. Aber auch darum, mit den Gefühlen der Eifersucht nicht richtig umgehen zu können.

Schon als kleine Kinder kennen wir die Eifersucht gegenüber Eltern, (falls vorhanden) Geschwistern, anderen Kindern usw. Wir sprechen an dieser Stelle von »natürlicher« und übertriebener Eifersucht.

Dauernde Eifersucht kann Ausdruck von mangelndem Selbstwertgefühl sein. Vielfach ist Eifersucht auch eine Haltung, seine Mitmenschen als »Besitz« und nicht als Partner zu betrachten. In solchen Fällen muss bei der Lösung des Problems eben an der Ursache angesetzt werden. Selbstbewusstsein kann trainiert werden. Partnerschaftliches Denken lässt sich erlernen. Wer es nicht schafft, sich sozusagen selbst aus dem Sumpf der Eifersucht zu ziehen, der sollte professionelle Hilfe suchen und annehmen. Voraussetzung: Die Erkenntnis, dass übertriebene Eifersucht eine Partnerschaft extrem belastet beziehungsweise allzu oft auch zerstört.

In Maßen ist Eifersucht allerdings absolut unvermeidlich, weil zutiefst menschlich. Es geht darum, den richtigen Umgang mit diesen Gefühlen zu finden. Berechtigte Eifersucht sollte besser nicht als »Eifersucht«, sondern als Kränkung bezeichnet werden.

Wenn unberechtigte, tatsächlich nicht erklärbare Eifersuchtsgefühle wahnhaft, stark und quälend (für alle Beteiligten) auftreten, so ist an eine psychische Störung bzw. Erkrankung zu denken. Da sollte ein Facharzt eingeschaltet werden.«

Was kränkt, macht krank

Dieser Wind der fremden Kontinente
Hat den Atem einer andren Zeit
Andre Menschen, einer andern Welt geboren
Mag's erfrischen. Ich bin hier verloren
Wie ein Waldtier, das in Winternächten schreit.

In dieser Gedichtstrophe beschreibt der Kärntner Dichter Guido Zernatto den Seelenzustand eines Heimatlosen. Zernato, 1938 als Regimegegner in die USA emigriert, starb 40-jährig in New York an der »Heimwehkrankheit«.

Unter den irischen Auswanderern, die Mitte des 19. Jahrhunderts von der Armut ihrer Insel vertrieben wurden und die in Amerika ihr Glück versuchten, grassierte die Tuberkulose. Aber auch unter den Emigranten, die aus anderen Ländern kamen, aus Italien, aus Deutschland, aus Tschechien. Sie bekam deshalb den Beinamen »Heimwehkrankheit«.

Auch in unserer Zeit gibt es Tausende, die aus ihrer Heimat flüchten, vor dem Krieg, vor einem Regime, das Menschenrechte missachtet. Man sagt, sie hätten die Tuberkulose, die bei uns schon fast ausgestorben war, wieder eingeschleppt.

Elisabeth, von allen Sissi genannt, hat dem äußeren Anschein nach ein schönes Zuhause, nahrhaftes Essen, Spielzeug in Hülle und Fülle und trotzdem ist sie ein tief unglückliches Kind. Sie ist rebellisch, aufmüpfig, will immer ihren eigenen Willen durchsetzen. Heute würde man sagen, sie ist ein unangepasstes, verhaltensauffälliges Kind.

Die Mutter ist bemüht, aus der kleinen Tochter einen »anständigen Menschen« zu machen. Sie versucht das mit Schlägen und mit Geschimpfe. Sissi muss in der Ecke stehen, und wenn sie sich für ihre Unarten nicht entschuldigt, auf einem Holzscheit knien.

Das Kind fürchtet sich jeden Abend vor dem nächsten Tag. Was wird es wieder falsch machen? Wird es wieder Schläge geben? Sie bittet den lieben Gott um ein Wunder, das folgendermaßen aussehen soll: Die Mama ist gar nicht ihre richtige Mutter, sondern eine böse Stiefmutter. Sie wird entlarvt und muss zur Strafe für alles, was sie ihrem Kind angetan hat, auf glühenden Kohlen tanzen, bis sie tot umfällt.

Der liebe Gott erhört dieses Gebet nicht. Er hat andere Vorstellungen. Sissi erkrankt an Tuberkulose und die Mutter ändert dem kranken Kind gegenüber ihr Verhalten. Sissi wird jetzt verwöhnt und die Mutter sitzt an ihrem Bett und liest ihr Geschichten vor. Sie pflegt ihr Kind liebevoll gesund.

Die erwachsene Sissi sagt heute: »Sie war bestimmt keine schlechte Mutter, sie war nur mit mir völlig überfordert.«

Die erwachsene Sissi beurteilt ihre Mutter milde. Aber der Schaden, den diese Mutter wahrscheinlich in bester Absicht angerichtet hat, ist nicht wieder gutzumachen. Sissi leidet unter Magersucht und sie ist nicht imstande, eine Beziehung aufzubauen und zu gestalten. Ständig ist sie ihrem Partner gegenüber in Abwehrstellung, reagiert beim geringsten Anlass mit Schreikrämpfen. Sie fühlt sich unterdrückt und schließlich geht jede Partnerschaft in die Brüche.

Gestörte Persönlichkeit durch eine gestörte Beziehung zu einem Elternteil. Der Schiffbruch in der Partnerschaft und oft auch im Berufsleben ist vorprogrammiert.

Psychiater Dr. Rudas bestätigt: »Gestörte Persönlichkeiten neigen zu gestörten Beziehungen. Die Ursachen für Persönlichkeitsstörungen liegen überwiegend in der frühen Kindheit. Das Problem: Gestörte Personen sind sich dieser Tatsache in den wenigsten Fällen bewusst und suchen daher auch keine fachliche Hilfe – die möglich wäre ...«

Eine belastende Kindheit, Misserfolg im Beruf, Beziehungskrisen – was kränkt, macht krank. Das ist mehr als ein Gemeinplatz. Es ist Realität. Der Arzt findet sie voll und ganz immer wieder in seiner Praxis bestätigt. Magersucht – dominante Mutter. Allergien, Asthma, Beschwerden im Verdauungstrakt, Herzbeschwerden usw.

Der Arzt kann das Umfeld, das diese Beschwerden auslöst, nicht ändern. Was kann er trotzdem tun, um zu helfen?

Voraussetzung für eine Hilfestellung durch den Arzt ist das Sich-Öffnen der Patientin, des Patienten. Der Arzt kann nur von Informationen ausgehen, die man ihm gibt. Je mehr man seinem Arzt verschweigt, desto geringer wird die Chance auf erfolgreiche Zusammenarbeit. Denn diese Zusammenarbeit ist die Basis jeder nutzbringenden Behandlung.

Erwarten Sie von Ihrem Arzt nie irgendwelche Wunder. Er ist auch nur ein Mensch. Allerdings einer, der Ihnen helfen will. Mitunter wird der Hausarzt ein Problem nicht selbst lösen können. Dann wendet er sich an eine fachlich spezialisierte Kollegin, an einen Kollegen. Das heißt nicht, dass er Sie »abschieben« will. Er sieht nur seine Aufgabe richtigerweise darin, für Sie das Beste herauszuholen. Dazu gehört auch das Eingeständnis: »Dafür bin ich nicht zuständig, da gibt es viel besser ausgebildete Fachleute als mich.« Ein verantwortungsbewusster Arzt wird dazu bereit sein. Man sollte ihm vertrauen.

Ärzte können in verschiedener Weise helfend eingreifen. Sie können nach Analyse der Situation konkrete Verhaltenstipps geben. Sie können aber auch – da sie das Umfeld ja nicht zu beeinflussen imstande sind – versuchen, ihre Patientin, ihren Patienten widerstandsfähiger gegen die Belastung zu machen. Das kann mit dem Erlernen von Entspannungsmethoden gelingen oder auch mit chemischer Hilfe. In diesem Fall wird der Arzt von der mildesten Möglichkeit ausgehen und bei Bedarf steigern. Wichtig ist es, der Behandlung zu trauen. Wer beruhigende, stimmungsaufhellende Präparate eigenmächtig absetzt, riskiert großen Schaden.

Falls Nebenwirkungen beobachtet werden (Mundtrockenheit, Schwindel, Kopfweh usw.), so sollte das unbedingt dem Arzt mitgeteilt werden, der dann die geeigneten Konsequenzen zieht.

»Hilfe, mein Sohn ist schwul!«

Edeltraute (sie legt Wert darauf, mit ungekürztem Namen angesprochen zu werden) ist 58 Jahre alt und Witwe eines einst höheren Staatsbeamten. Sie stammt aus gutbürgerlichen Verhältnissen, ja zur Hälfte ist sie sogar adelig, denn ihre Mutter war eine geborene »Von«. Ihr Sohn Franz Joseph ist 36 und trotz seiner Jugend bereits ein gefragter Wirtschaftsjurist. Er ist 1,83 m groß, schlank, eine sportliche Erscheinung. Die jungen Mädchen drehen die Köpfe nach ihm um. Es ist dies allerdings eine sinnlose Bewegung. Als sich Mutter Edeltraute wieder einmal vorsichtig erkundigt, ob es denn keine Freundin gäbe, eine potenzielle Schwiegertochter vielleicht, lässt der Sohn die Katze aus dem Sack: »Ich habe keine Freundin«, erklärt er kurz und trocken, »ich habe einen Freund.«

Edeltraute ist aus allen Wolken gefallen. Alles hat sie getan für das Kind und nun das! »Ein Glück, dass dein Vater schon tot ist«, sagt sie, »er hätte das nicht überlebt!« Der Sohn zuckt bedauernd die Achseln. Als sein Vater starb, war er drei Jahre alt.

Edeltraute vertraut sich ihrem Hausarzt an, der ein langjähriger Freund der Familie ist. »Helfen Sie mir, Doktor«, sagt sie, »mein Sohn ist schwul. Vielleicht kann man das heilen.«

Der Arzt schüttelt den Kopf. »Homosexualität ist keine Krankheit«, erklärt er, »und daher auch nicht heilbar. Sie müssen Ihren Sohn akzeptieren, so wie er ist, ihn und seinen Freund. Es ist keine Partnerschaft wie jede andere auch. Das zu behaupten wäre unaufrichtig. Aber es ist eine Partnerschaft und als solche zu respektieren.«

»Aber diese Schande! Was werden die Leute sagen, wenn sie es bemerken! Ach Gott, und ich hätte so gerne Enkel gehabt!« Edeltraute ist außer sich.

»Homosexualität ist keine Schande«, sagt der Arzt, »es ist eine Veranlagung. Und die Leute reden immer. Sie tratschen über Ihre neuen Schuhe und über Ihren neuen Hut. Das sollten Sie nicht überbewerten.

Außerdem geht es hier nicht um Sie und Ihre Wünsche oder Befürchtungen, sondern um Ihren Sohn. Sein Leben ist nicht einfach, aber er hat es im Griff. Darüber sollten Sie froh sein.«

Edeltraute ist jetzt zwar nicht getröstet, aber der Arzt hat ihr die Realität vor Augen geführt. Sie versucht mit der Situation fertig zu werden. Sie lernt den Freund ihres Sohnes kennen. Er ist ein fröhlicher, liebenswürdiger Mensch. Als diesen Menschen akzeptiert sie ihn auch schließlich. Und als sich die Nachbarin einmal über ihre Schwiegertochter beklagt, sagt sie spitz: »Diese Probleme habe ich nicht ...!«

Es ist eigentlich alles viel einfacher, als sich Edeltraute

vorgestellt hat. Die Bekannten und Nachbarn ändern das Verhalten nicht. Wahrscheinlich ist ihnen die Sache ganz egal.

Lotte hat da weniger Glück. Sie erzählt: »Ich bin von Männern immer nur ausgenützt und betrogen worden. Männer sind herzlos, egoistisch und brutal. Mit meiner Freundin lebe ich jetzt schon fünf Jahre glücklich und harmonisch. Aber immer wenn ich abends von der Arbeit nach Hause komme, steht auf meiner Wohnungstüre mit roter Farbe hingeschmiert ›Lesbensau‹. Die Leute im Haus danken nicht für meinen Gruß. Wir sind völlig isoliert und von allen gemieden.«

Die Akzeptanz des Andersartigen ist eine Intelligenzfrage. Vermutlich leben in Lottes Umgebung primitivere Menschen als in der Umgebung Edeltrautes.

Was ist Homosexualität wissenschaftlich gesehen? Eine bereits genetisch festgelegte Veranlagung? Eine Persönlichkeitsstörung, hervorgerufen etwa durch zu starke Mutterbindung oder durch das Gegenteil, durch ein Defizit an Zuwendung? Bei Frauen bedingt durch Frustration im Umgang mit Männern?

Zu diesem Thema gibt es zwar wilde Spekulationen (die bis zur Vermutung eines speziellen »Gens« reichen, das bei Homosexuellen vorhanden ist, bei Heterosexuellen nicht), aber keine wirklich ernsthafte, wissenschaftlich fundierte Aussage.

Wir möchten hier nicht durch weitere Vermutungen verunsichern. Wahrscheinlich spielt nicht ein Faktor eine Rolle, sondern mehrere. Der einzig sinnvolle Rat: Die Neigung als solche annehmen.

Kein zwanghaftes »Outing«, aber lockerer Umgang mit der bestehenden Tatsache. Das hilft den Homosexuellen, das hilft auch deren Familien am besten. Wenn eine Tatsache bekannt ist, verliert die »Gesellschaft« ohnedies rasch das Interesse daran. Man geht zur Tagesordnung über. Die beste Lösung.

Den Fremden fürchten, hassen ...

Petra hat ein ähnliches Problem wie Lotte, wenngleich aus einem ganz anderen Grund. Wenn sie abends von der Arbeit nach Hause kommt, steht auf ihrer Türe mit Kreide hingeschmiert »Araberhure«. Die Leute im Haus schneiden sie. Niemand dankt auf ihren Gruß. Sie ist mit einem Araber liiert. Auch er ist »anders als die anderen«. Er hat eine braune Hautfarbe. Sie erzählt: »Ich bin Serviererin in einem kleinen Kaffeehaus und Ali verdient sein Geld als Zeitungskolporteur. Eigentlich ist er gelernter Elektriker. Wir tun keinem Menschen etwas. Wir wollen nur unsere Ruhe haben. Aber die Leute sind so gehässig. Ali spricht perfekt Französisch. Wenn wir genug Geld gespart haben, gehen wir nach Paris. Die Franzosen sind Fremden gegenüber toleranter als die Österreicher.«

Petra ist 28, Ali 31 Jahre alt. Sie wollen heiraten und Kinder haben. »Aber nicht in dieser feindseligen Atmosphäre«, sagt sie. »Ich war zuvor mit einem Österreicher beisammen. Er war ständig betrunken und hat mich geschlagen. Ali ist ein anständiger Mensch. Er liebt mich und kauft mir von seinem geringen Einkommen immer wieder kleine Geschenke.«

Müssen Petra und Ali auswandern oder gäbe es eine Möglichkeit der Integration? Wie kann man Vorurteile entschärfen? Verhalten sich die beiden ihrer Umgebung gegenüber richtig? Ali geht zum Beispiel mit hoch erhobenem Kopf durch den Hausflur. Er schaut über die Menschen hinweg, die ihn hassen. (»Dunkle Hautfarbe ist kein Grund, sich zu schämen!«)

Petra geht geduckt und mit gesenktem Kopf, sie huscht rasch in die Wohnung hinein, um nur ja niemandem zu begegnen.

Was könnten die beiden tun, um von ihren Nachbarn akzeptiert zu werden?

Psychiater Stephan Rudas: »Wichtig ist hier die Solidarität der Partner zueinander. Wenn die Mitmenschen die Partnerschaft als gefestigt und ›selbstverständlich‹ erleben, lassen allfällige Vorurteile meistens rasch nach. Die Partnerschaft verliert schnell ihre Besonderheit. Daher mein Rat: Nicht verstecken, aber auch nicht demonstrativ ein Problem daraus machen ...«

Xenophobie auch auf der anderen Seite. Holly ist die Tochter eines britischen Diplomaten. Sie hat Erfahrungen gemacht, die ihr heute noch Albträume verursachen. Sie war mit einem Angehörigen der iranischen Botschaft verheiratet und ist ihm nach den Flitterwochen in seine Heimat gefolgt.

Sie erzählt: »Ich war voll freudiger Erwartung und durchaus bereit mich anzupassen. Nicht einmal das Tragen der vorgeschriebenen Frauenkleidung hat mich gestört.

Doch mein Mann hat sein Verhalten mir gegenüber in seiner Heimat vollkommen geändert. Seine Verwandten waren mir, der ungläubigen Fremden gegenüber, feindselig und gehässig, und als mein Mann mich einmal geschlagen hat, weil ich seiner Mutter widersprochen habe, war das für mich das Ende meiner Ehe.«

Holly konnte nur unter größten Schwierigkeiten und mit Hilfe ihres Vaters in ihre Heimat zurückkehren. Vereinfachend war, dass die Ehe kinderlos geblieben ist. Sie sagt: »Ich rate jeder Frau dringend davon ab, einen Mann, der einem anderen Kulturkreis angehört, zu heiraten und ihm in sein Land zu folgen.«

Petra war mit einem Österreicher liiert. Er hat sie geschlagen. Holly war mit einem Iraner verheiratet. Er hat sie geschlagen. Daraus die Schlussfolgerung zu ziehen, dass alle Österreicher und alle Iraner ihre Frauen schlagen, wäre verkehrt.

Das Andersgeartete, der Fremde ist zu akzeptieren. Das ist keine Frage. Ob diese Akzeptanz bis zu einer Eheschließung reichen soll, darüber gibt es keine allgemein gültige Regel, das ist eine Frage, die im konkreten Fall jeder Einzelne für sich klären muss. Bei einer Bindung an einen Partner, der aus einem anderen Kulturkreis stammt, ist auf jeden Fall zu hinterfragen, ob es nicht beim besten beiderseitigen Willen Unvereinbarkeiten gibt. Etwa in Fragen der Religion, der Moralvorstellungen, der Kindererziehung oder auch bei ganz einfachen Dingen wie Essgewohnheiten, Kleidung oder Feste feiern.

Xenophobie – den Fremden fürchten, hassen, töten – dieser Begriff ist in der Hitler-Ära grauenvolle Realität geworden. Diese Zeit war ein unmenschlich harter Prüfstein für viele Partnerschaften. Es hat damals Menschen gegeben, die zu ihren jüdischen Partnern gestanden sind auf Gedeih und Verderb, die mit ihnen in die Fremde gegangen sind oder in den Tod. Aber auch solche, die sich von ihnen distanziert und sie in ihrem Elend allein gelassen haben.

Fremdenhass – er geht durch alle Zeitalter, durch alle Völker. Die Wurzeln liegen wohl in der Natur des Menschen, alles »andere« grundsätzlich als Bedrohung zu empfinden. Da dieses Phänomen in allen Kulturkreisen auftritt, lässt sich hier keine konkrete Aussage treffen. Höchstens die: Solange es Menschen gibt, so lange wird es wohl auch Xenophobie geben.

Ist die Ehe nicht mehr »in«?

Immer mehr junge Leute gehen heute eine eheähnliche Gemeinschaft ein ohne standesamtlich oder kirchlich getraut zu sein. Die Hauptgründe, die sie dafür angeben, können sinngemäß in einer Aussage zusammengefasst werden: Unsere Beziehung ist unsere Privatangelegenheit. Sie geht weder den Staat noch die Kirche etwas an.

Auffallend ist, dass diese jungen Menschen vorwiegend aus intakten Familien kommen, vielfach aus einem sehr religiösen Elternhaus.

Selbst wenn sie aus einer zerrütteten Ehe stammen, geben sie das nur selten als Grund für ihre Ablehnung einer ehelichen Gemeinschaft an. Nicht nur junge Männer, immer mehr junge Frauen teilen diese Ablehnung. Eine Untersuchung McLarens zu dieser Entwicklung gipfelt in der Erkenntnis: Die Ehe hat ihre Versorgungsfunktion für die Frau weitgehend verloren. Die Frau von heute ist zumeist berufstätig, selbstständig und legt Wert auf ihre Unabhängigkeit.

Bezeichnend ist die Aussage eines 26-jährigen Wirtschaftsjournalisten, der mit seiner gleichaltrigen Freundin seit drei Jahren zusammenlebt und mit ihr ein sechs Monate altes Baby hat. Die Freundin will nach der Karenzzeit wieder ihrem Beruf als Arzthelferin nachgehen.

Der junge Mann sagt: »Ich halte es für unmoralisch, eine Liebesbeziehung vertraglich abzusichern. Ich habe Claudia mein Wort gegeben und das halte ich auch. Sollte sie aber einen Partner finden, den sie mehr liebt als mich, werde ich sie selbstverständlich frei geben.«

Und wenn das Kind in die Schule geht, einen anderen Namen trägt als der Vater, vielleicht deshalb diskriminiert wird?

Der junge Mann sagt: »Ich werden mein Kind zu einem so freien Menschen erziehen, dass ihm das egal sein wird. Ich richte mich nicht nach der Gesellschaft. Die Gesellschaft soll sich nach mir richten!«

Beide, sowohl Claudia als auch ihr Freund, kommen aus geordneten Verhältnissen. Die Eltern beider sind praktizierende Katholiken.

Als Nebeneffekt gibt der junge Mann an, dass seine Freundin bei einer Heirat die Vergünstigungen einer allein erziehenden Mutter verlieren würde. (Hier als Nebensache dargestellt, in manchen Fällen allerdings ausschlaggebend für einen Verzicht auf die Ehe.)

Ganz anders liegen die Dinge bei Christian und Gerlinde. Sie studieren beide noch und leben seit drei Jahren zusammen, ohne Trauschein. In einem Jahr, wenn beide das Studium beendet haben, wollen sie allerdings heiraten. Gerlinde sagt: »Wir wollen Kinder haben und die sollen in geordneten Verhältnissen aufwachsen.«

Christians Vater ist Diplomat, beide Eltern sind strenggläubige Katholiken. Gerlindes Vater ist Arzt, ihre Mutter Steuerberaterin. Beide sind konfessionslos.

Christian sagt: »Meine Eltern sind nicht begeistert von unserer Beziehung ohne Trauung, aber sie haben sie schließlich akzeptiert.«

Ob er als gläubiger Katholik keine Gewissensbisse hat, in einer »wilden Ehe« zu leben? Christian verneint das. Er sagt: »Ich glaube fest daran, dass Gott flexibler ist als seine Stellvertreter hier auf Erden. Es hat sich in 2000 Jahren einiges geändert. Die Gesellschaft hat sich gewandelt, die Moralvorstellungen sind heute andere als in biblischen Zeiten. Schließlich gilt der Hase heute auch nicht mehr als Wiederkäuer und man kann ihn essen, ohne gegen religiöse Vorschriften zu verstoßen.« So weit Christian.

Birgit und Hannes haben nicht so tiefgreifende Vorstellungen. Sie leben ebenfalls ohne Trauschein zusammen und Hannes erklärt das so: »Wir haben uns einerseits sehr gern, andererseits aber streiten wir fast jeden Tag. Manchmal artet unsere Meinungsverschiedenheit in einen richtigen Krach aus. Wir wollen noch zuwarten, wie sich unsere Beziehung entwickelt, denn wir wollen nicht, dass eventuell unsere Kinder einmal in einer so spannungsgeladenen Atmosphäre aufwachsen.«

Also gewissermaßen eine Ehe auf Probe.

Doch nicht nur junge Leute weichen einer festen, durch Heirat »abgesegneten« Bindung aus. Auch ältere Menschen leben oft ohne Trauschein in einer Gemeinschaft, die einen eheähnlichen Charakter hat. Im Volksmund heißen diese Verbindungen »Onkelehen«, weil die Kinder der

Frau den Lebensgefährten meistens Onkel nennen. Hier sind es aber hauptsächlich finanzielle Gründe, warum man einer Trauung ausweicht.

So erklärt zum Beispiel die verwitwete 56-jährige Edith: »Ich würde meinen Lebensgefährten gerne heiraten, aber dann verliere ich meine Witwenrente.«

Es werden verschiedene Gründe genannt, warum man sich nicht zu einer Heirat entschließt, eine Schwellenangst vor einer allzu festen Bindung, vor der Verantwortung, davor, dass man von seinem eigenen Ich etwas abgeben müsste, scheint bei den Befragten nicht auf. Doch vielleicht sind das Gründe, die man nicht gerne zugibt.

Rechtsanwalt Dr. Wandl spricht von »einigen Facetten«, die im Zusammenleben zweier Partner ohne Eheschließung nicht gedeckt sind.

Die 52-jährige Lore machte diese bittere Erfahrung. Sie lebte mit ihrem 60-jährigen Freund zwei Jahre lang im gemeinsamen Haushalt. Als aber ihr Lebensgefährte plötzlich und ohne ein Testament zu hinterlassen starb, beanspruchten seine Kinder die Eigentumswohnung des Vaters mit allem Hausrat und den Möbeln, die sie beinhaltete. Lore durfte nicht einmal Möbelstücke und Gegenstände, die ihr Eigentum waren, mitnehmen. Sie musste die Wohnung verlassen.

Dazu Dr. Wandl: »Eigentum bleibt natürlich in jedem Fall Eigentum, doch derjenige, der etwas verlangt, muss den Nachweis erbringen, dass die begehrten Gegenstände auch tatsächlich sein Besitz sind.«

Nun, der »Verlangende« war in diesem Fall Lore. Die Beweislast lag bei ihr. Nicht nur, dass sie jetzt keine Unterkunft mehr hatte, musste sie auch noch um den eigenen Besitz kämpfen.

Was empfiehlt der Anwalt? »Beim Eintritt in eine Lebensgemeinschaft unbedingt zu einem Notar oder Rechtsanwalt gehen und die Besitzverhältnisse regeln. Auch ein Testament wäre zu empfehlen.«

Handelt es sich um eine Mietwohnung, besteht ein Eintrittsrecht für den Lebensgefährten, wenn dieser, mit dem Hauptmieter bis zu dessen Tode nachweislich mindestens drei Jahre hindurch im gemeinsamen Haushalt gelebt hat – laut Gesetzestext »in einer in wirtschaftlicher Hinsicht gleich einer Ehe eingerichteten Haushaltsgemeinschaft«. Dieser dreijährige Aufenthalt ist jedoch nicht erforderlich, wenn der Lebensgefährte die Wohnung seinerzeit gemeinsam mit dem bisherigen Mieter bezogen hat. So weit eine »Facette« der rechtlichen Situation.

Wir haben einen Mann der Kirche um eine Stellungnahme zum Thema »Ehe ohne Trauschein« gebeten.

Dr. Johann Weber, Bischof von Graz-Seckau, erklärt dazu: »Im Blick auf das Evangelium und auf die wahren Bedürfnisse des Menschen halte ich die Ehe nach wie vor für den Ort, wo sich die Liebe zwischen Mann und Frau geistig und körperlich voll entfalten kann. Ich vertrete damit nicht nur theoretisch die Lehre der katholischen Kirche, sondern kann mich auch auf die Erfahrung vieler christlicher Eheleute berufen. Es ist allerdings ebenso eine Tatsache, dass heute junge, aber auch ältere Menschen nicht immer (sofort) heiraten, wenn sie eine Lebensgemeinschaft eingehen. Die Gründe dafür sind vielfältig: Abhängigkeit von gängigen Wertvorstellungen, Scheu vor endgültigen Entscheidungen, wirtschaftliche Überlegungen. Als Seelsorger und Bischof breche ich über niemanden den Stab, ich setze mich aber nach Kräften dafür ein, dass Menschen den Wert und Sinn der Ehe wieder klar erkennen und auch in ihrem Leben verwirklichen können.«

Der weltoffene und aufgeschlossene Bischof Weber sitzt also über niemanden zu Gericht, der sich nicht oder nicht sofort für einen so entscheidenden Schritt wie eine Ehe entschließen kann, hält aber nach wie vor eine Ehe »für den Ort, wo sich die Liebe zwischen Mann und Frau voll entfalten kann«.

Eine konkrete und sehr fundierte Antwort auf die Frage »Ist die Ehe nicht mehr in?« gibt der österreichische Familien- und Jugendminister Dr. Martin Bartenstein: »Der angebliche Megatrend zum Lebensabschnittspartner lässt sich statistisch nicht belegen. In Österreich ist die überwiegende Form der Lebensgemeinschaft nach wie vor die Ehe.

Eine Untersuchung des Familienministeriums zeigt, dass im Durchschnitt über alle Altersgruppen Frauen wie Männer in ihrem Leben Lebensgemeinschaften haben. Dabei ist Lebensgemeinschaft als Partnerschaft, die einen gemeinsamen Haushalt führt, definiert.

Obwohl heute die meisten Frauen und Männer mit einer nichtehelichen Lebensgemeinschaft beginnen, geht diese im Regelfall (bei 73 Prozent bis 90 Prozent der über 30-jährigen Frauen) in eine Ehe über.

Kurz gesagt: Nichteheliche Lebensgemeinschaften werden als vorläufige Lebensphase erlebt und münden in den meisten Fällen in eine Ehe.

Ehe und Familie haben nach wie vor für die meisten jungen Menschen nichts an Attraktivität verloren. Für 95 Prozent der jungen Generation ist Familie ein erstrebenswertes Ziel, auch wenn der gesellschaftliche Wandel den Jugendlichen heute eine größere Wahlmöglichkeit in der Führung des eigenen Lebens bietet.

Eine »Probe-Ehe« ist übrigens kein Garantieschein dafür, dass die darauf folgende tatsächliche Ehe auch hält. Die Daten zeigen, dass die Scheidungsraten von Ehen, denen eine nichteheliche Lebensgemeinschaft vorangegangen ist, ebenso hoch ist wie bei Ehen, die »direkt« geschlossen werden. Eine nichteheliche Lebensgemeinschaft trägt also weder positiv noch negativ zur Stabilität einer Ehe bei.

Ehe ist in meinen Augen jedenfalls mehr als bloß ein Stück Papier, das auf dem Standesamt unterschrieben wird. Sie bedeutet die Übernahme einer rechtlichen Verantwortung gegenüber dem Partner in guten wie in schlechten Zeiten. Und sie bedeutet auch die rechtliche, verbindliche Verantwortung beider Elternteile für die Kinder. Kinder haben unbestritten einen Startvorteil, wenn sie mit Vater und Mutter aufwachsen. Und Kinder sollten auch bei der Definition der Familie das Maß aller Dinge sein.«

Gemeinsam jung bleiben

Von Philemon und Baucis weiß die Sage des klassischen Altertums eigentlich nur in Momentaufnahmen zu berichten: Ein altes Ehepaar sitzt friedlich im Schein der Abendsonne auf einer Bank vor seiner Hütte. Sie sitzen Hand in Hand und haben an die Götter nur den einen Wunsch, gemeinsam zu sterben. Von ihrer Jugend ist so gut wie nichts bekannt. Waren sie immer so voller Harmonie, dass sie sprichwörtlich werden konnte? Hat es nie Krämpfe, Kämpfe, Missverständnisse gegeben? Man weiß es nicht. Es ist eher wahrscheinlich, dass es auch bei ihnen Probleme gab, denn sie sind Menschen gewesen, bevor sie von den Göttern in Bäume verwandelt wurden. Philemon und Baucis – gibt es sie auch noch heute? Ein Ehepaar, das in voller Harmonie lebt?

Man begegnet ihnen nicht auf Schritt und Tritt, doch es gibt sie auch heute noch. Wir sind ihnen auf der Piste begegnet. Sie wedelten im Pulverschnee den Hang hinunter, nicht Hand in Hand, das wäre technisch nicht möglich gewesen, doch so synchron, fast wie ein Ballett. Man wusste sofort: Das sind sie! Aber Philemon und Baucis von heute wollen nicht mehr gemeinsam alt werden, sie wollen gemeinsam jung bleiben. Sie wollen auch nicht mehr gemeinsam sterben, sondern gemeinsam leben.

In der Hütte beim »Jagatee« erzählen sie. Sie, klein und zierlich, knapp über 60, er ein Hüne von 1,91 m, mit lebhaften klugen Augen hinter der dicken Brille, 75-jährig. Sie leben in einem alten Bauernhaus auf dem Land, beide in Pension und trotzdem vollbeschäftigt.

Sie sagt: »Ich weiß nicht, warum der Alltag grau heißen muss. Allein schon wenn es frühmorgens im ganzen Haus nach Kaffee duftet, ist das bunt. Und dann in den Pferdestall, über die Felder reiten, hinter uns der Neufundländer mit Gekläff. Wir machen alles selbst. Die Stallarbeit, die Hausarbeit, die Gartenarbeit. Zur Obstzeit kochen wir Marmelade ein. Mein Mann hat angefangen Holz zu schnitzen. Ich mache immer noch meine Übersetzungen. Wir sind beisammen, alle Tage oder Alltag, wie man so will. Und das ist umwerfend schön!«

Der Mann nickt. »Ja, schön«, sagt er, »aber das war nicht immer so.« Es hat auch Turbulenzen gegeben in dieser Ehe. Er, der damals 35-jährige Archäologe, war viel unterwegs in fremden Ländern, sie, die 20-jährige daheim bei den Kindern. Es hat eine andere Frau gegeben in seinem Leben und einen anderen Mann in ihrem. Nach fünf Jahren Ehe kam es zur Scheidung.

Er sagt: »Und von da an ging's bergab. Ich hatte einen Herzinfarkt, meine Frau erkrankte an Krebs. In diesem Tief haben wir wieder zueinander gefunden und sind jetzt jede Minute froh, dass wir einander haben, wieder gesund sind.

Wir leben jeden Tag ganz bewusst und haben gelernt reibungslos miteinander auszukommen.«

Gemeinsam jung bleiben – es ist natürlich nicht jedermanns Sache, über die Felder zu reiten und Pferdeställe auszumisten.

Franz und Henriette haben ganz andere Vorstellungen darüber, wie sie den Freiraum, den ihnen die Pension gibt, ausfüllen können.

Henriette sagt: »Ich war Chefsekretärin in einer großen Exportfirma und ich habe meinen Job sehr gern gemacht. Aber die dreifache Belastung, Beruf, Kinder, Haushalt, hat mich doch sehr hergenommen. Jetzt bin ich froh, dass ich frei über meine Zeit verfügen kann.«

Franz und Henriette gehen gern in die Oper, sie haben viele Freunde und machen ausgeflippte Reisen.

»Im Vorjahr waren wir auf den Galápagosinseln«, erzählt er, »und heuer wollen wir eine Südafrika-Safari machen. Wir planen auf dem Heimweg von einem Urlaub schon den nächsten.«

Gibt es manchmal Differenzen, wenn es an die Auswahl des Urlaubszieles geht? »Ach wo«, sagt Henriette, »mein Mann ist der Reisemarschall, und wo er hingeht, da will ich auch hingehen.«

Differenzen gibt es bei den beiden auch in anderen Bereichen kaum. »Wir haben sechs Enkelkinder«, sagt Franz, »das jüngste vier, das älteste 18. Bei uns geht es immer rund, wir haben keine Zeit zum Streiten.«

Franz und Henriette haben sich diese Harmonie nicht erkämpfen müssen. Sie ist von Anfang an da gewesen.

Sie erzählt: »Als ich ein junges Mädchen war, ist mir einmal mitten in der Stadt ein Herr in einem Duffle-Coat begegnet. Ich trug auch einen, fast in der gleichen Farbe. Der Herr sagte: ›Hallo, Partnerin, darf ich Sie zu einem Kaffee einladen?‹ Und das war's auch schon. Drei Monate später haben wir geheiratet.«

Alois und Josephine können sich keine Reitpferde leisten und auch keine Reise auf die Galápagosinseln. Seit Josephine ihre kleine Hausbesorgerwohnung verloren hat, als sie in die Rente ging, leben die beiden in einem Holzhaus an der Donau, das drei Räume hat: Eine gemütliche Wohnküche, ein kleines Wohnschlafzimmer und ein großes, helles Wohnzimmer.

Alois war Staplerfahrer in einem Supermarkt, bevor er nach einem Unfall in Frührente ging. Sie haben keine Kinder und sie bewohnen nur die Küche und das angrenzende Zimmerchen, denn in dem großen, hellen Wohnzimmer, da wohnen die Wellensittiche. »Wir sind anerkannte Züchter«, erzählt Alois stolz und zeigt Siegestrophäen in allen Größenordnungen und aus den verschiedensten Materialien. »Und wir haben in unserem Leben nur ein einziges Mal gestritten«, sagt Josephine, »das war, als unser Burli ausgeflogen ist. Er sagt ›Burli Bussi‹, ›Küss die Hand‹ und das Götzzitat. Er sagt das ganz deutlich und er ist unser ganzer Stolz. Als er ausgeflogen war, hat einer dem anderen die Schuld gegeben. Nach drei Tagen ist Burli wieder zurückgekommen. Das war vor zweieinhalb Jahren. Seither haben wir nie mehr gestritten.«

Neben dem Häuschen in einem Schuppen steht ein altes Motorrad, eine Beiwagenmaschine. »Mit der sind wir sogar schon in Ungarn gewesen«, sagt Alois stolz. »Die

Joschi fahrt, ich sitz im Beiwagen. Wenn wir wollen, kommen wir überall hin.«

Ob sie besondere Wünsche haben? »Mehr Geld könnten wir schon brauchen«, sagt Josephine, »aber es geht auch so. Im Sommer ist es wunderschön hier, wenn man sich an die Gelsen gewöhnt hat. Und der Winter geht ja wieder vorüber.

Wir spielen manchmal Lotto. Wenn wir eine Million gewinnen, kaufen wir uns ein neues Haus. Aber wenn nicht, dann nicht. Wir sind auch so zufrieden.«

Von Zufriedenheit ist leider bei Elli keine Rede. Sie leidet unter Migräne und ist Dauergast beim Frauenarzt. Das Haus ist leer, seit der Sohn geheiratet hat. Enkel gibt es keine. Elli erzählt: »Ich habe gegen den Willen meiner Eltern meine große Liebe geheiratet. Mein Mann war damals ein einfacher Verkehrspolizist, mein Vater Staatsanwalt. Mein Mann hat – nicht zuletzt aus Trotz – das Doktorat gemacht und es zum Polizeioberst gebracht.«

Elli erzählt das voll Stolz. Doch was ist aus der großen Liebe geworden! Sie sagt: »Früher einmal habe ich vor freudiger Aufregung Herzklopfen bekommen, wenn ich gehört habe, wie mein Mann die Wohnungstüre aufsperrt. Heute denk ich mir: O Gott, was wird er denn jetzt wieder zu nörgeln haben! Er ist unfreundlich geworden, gereizt, wegen jeder Kleinigkeit flippt er aus und fängt an mit mir herumzuschreien. Er hat sich so verändert, dass ich eigentlich froh bin, wenn er nicht zu Hause ist.«

So verschieden die drei ersten Paare auch sind, sie haben doch einiges gemeinsam: Sie wirken viel jünger, als es ihrem tatsächlichen Geburtsdatum entspricht.

Sie sind körperlich und geistig in einem ausgezeichneten Zustand und sie wissen mit dem Freiraum, den ihnen der Ruhestand bietet, etwas anzufangen.

Ihre Aussagen, wie sie einen Zustand der weitgehenden Harmonie erreicht haben, sind dem Sinne nach gleich: Oberstes Gebot – Geduld haben mit dem anderen. Seine Fehlleistungen nicht überbewerten, ihn niemals abwerten. Auf seine Interessen eingehen, ihm ein Gefühl der Geborgenheit geben.

Der Ruhestand ist ein Freiraum, den zum Glück viele Menschen zu nützen wissen. In manchen aber lässt er eine Leere entstehen, die sie nicht imstande sind auszufüllen. Sie fühlen sich nutzlos, überflüssig und werden ihrer Umgebung gegenüber aggressiv und unleidlich, wie beispielsweise Ellis Mann.

Warum sind ältere Menschen oft so aggressiv? Anzeichen von Verkalkung? Was sagt der Arzt?

Vorsorgeuntersuchungen sind wichtig, besonders im Alter. Denn es gibt – von der Medizin aus betrachtet – genug geeignete Methoden, um gemeinsam jung zu bleiben: Gymnastikprogramme, Diäten, Rezepte, die gesund sind und gut schmecken …

Dr. Rudas: »Wir müssen ältere Menschen in ihrem Älterwerden akzeptieren, ohne dass sie an ›Wert‹ verlieren. Das heißt zum Beispiel: Auch ältere Menschen wollen Aufgaben übertragen bekommen. Diese müssen allerdings auf die entsprechenden Möglichkeiten abgestimmt sein.

Unbedingt zu beachten sind organische Veränderungen, die zu Problemen in der Kommunikation mit den Mitmenschen führen. So etwa kommt es sehr oft unbemerkt zum starken Nachlassen des Hörvermögens. Die Betroffenen sind dann nicht ›unhöflich‹, sie haben ganz einfach nicht wahrgenommen, dass man sich mit ihnen unterhält.

Derartige Veränderungen sind natürlich besonders in Partnerschaften zu berücksichtigen. Da kann ein Partner dem anderen sehr viel helfen. Indem er rechtzeitig die Behinderung des anderen erkennt, Hilfe anbietet bzw. sich den Umständen angepasst verhält.«

Wo sind wir geblieben, du und ich?

Es hat so romantisch angefangen, bei Kerzenlicht, ein lauer Sommerabend, ein Tango (»Du hast Augen wie Sterne ...«) und dann schreibt eine junge Frau in ihr Poesiealbum:

Wo sind wir geblieben
Du und ich?
Ein Blatt ist beschrieben
Und wendet sich

Der Schmerz um eine Beziehung, die zu Ende geht, hat sie zur Dichterin werden lassen. Bei ihm war es nur ein Strohfeuer. Bei ihr aber hat's lichterloh gebrannt. Nur ein Häufchen Asche ist zurückgeblieben. Bei ihr.

Bei ihm eine flüchtige Erinnerung. »Da hab ich einmal eine gekannt«, erzählt er seiner späteren Ehefrau, »der ist im Auto bei jeder Kurve schlecht geworden.«

Für sie aber war es die ganz große Liebe. Sie konnte oder wollte nie mehr eine Beziehung aufbauen. Sie hat sich vollkommen in ihren Beruf vergraben. Privat ist sie heute ohne Anhang, ohne Familie, die Zuckerltante bei den Kindern ihrer Freundinnen.

Was wäre aber aus dieser Beziehung geworden, wenn »Er« diese Frau geheiratet hätte, aus Pflichtgefühl, aus Mitleid? Nichts anderes als eine schlechte Ehe.

Das Mitleid soll vor der Bettkante Halt machen, vor dem Standesamt, vor dem Traualtar. So hart das auch klingen mag, aber eine Partnerschaft ist keine karitative Einrichtung. Sie muss auf Gegenseitigkeit beruhen, wenn sie funktionieren soll. Wir alle sind Veränderungen unterworfen. Es können Stimmungen sein oder tiefgreifende Wandlungen, entwicklungsbedingt oder ausgelöst durch ein gravierendes Erlebnis.

Der Schrecken vieler Lateinschüler – Ovid – schreibt in seinen »Metamorphosen«: »Was gestern wir waren und heute wir sind – wir werden es morgen nicht sein.« Unveränderlichkeit gesteht er im Wandel der Zeiten nur den menschlichen Lastern und Leidenschaften zu. Die »Metamorphosen« sind zeitlos und auch heute noch von Interesse, weil die vielen Formen der Veränderungen, abgesehen von den Zeitaltern, auch auf unsere Zeit übertragen werden könnten:

Wie das schmiegsame Wachs sich formt
zu neuen Gebilden, so nicht bleibt, wie es war,
die gleiche Gestalt nicht behält
und doch dasselbe verbleibt, so lehre ich,
ist auch die Seele immer dieselbe,
doch wandert sie stets in neuen Gestalten.

Diese Erkenntnis, die auch heute noch Gültigkeit hat, erfordert – jetzt in die Prosa des Alltags übertragen – in einer Partnerschaft Anpassungsfähigkeit und Flexibilität beziehungsweise, wenn die Gegensätze, die eine Veränderung mit sich bringt, unüberbrückbar werden, den Mut zur Trennung.

Es sollte aber keine leichtfertige Trennung sein, sondern erst nach einem genauen Ausloten der Tiefe des Abgrundes, der zu trennen scheint, realisiert werden.

Wir haben uns auf die Suche nach den Veränderungen und ihren Ursachen und Wirkungen im Rahmen von Partnerschaften gemacht und sind zu der Erkenntnis gelangt: Es gibt so viele Formen der Veränderungen, wie es Formen von Partnerschaften gibt.

Denn so wie kein Daumenabdruck einem anderen gleicht, gleicht auch keine Beziehung einer anderen. Daher erhebt auch unsere Arbeit keinen Anspruch darauf, eine wissenschaftliche zu sein. Wir haben wieder nur einige Beispiele herausgefiltert, die uns besonders prägnant erschienen.

Es bedarf oft keines besonderen Anlasses, damit sich zwei Partner auseinander leben. Es läuft meistens umgekehrt, zuerst ist die Entfremdung da und dann wird nach einem Grund dafür gesucht, natürlich immer beim anderen und nicht bei sich selbst.

Friederike erzählt: »Wir haben uns schon mit 15 kennen gelernt, mein geschiedener Mann und ich, und wir haben dann sehr jung geheiratet. Doch nach einigen Jahren gab es nur noch Streit. Für mich stellt es sich so dar, dass mein damaliger Mann in seiner Entwicklung einfach stecken geblieben ist. Ich habe immer den Eindruck gehabt, er ist kindisch in allen seinen Äußerungen und Ansichten.

Ihm fehlte jedes Verantwortungsgefühl und er hat mich in Gesellschaft durch sein albernes Benehmen immer wieder blamiert. Wir haben keine Kinder und so ist unsere Scheidung eigentlich weitgehend problemlos gewesen. Mein zweiter Mann ist zehn Jahre älter als ich, vielseitig gebildet und man kann mit ihm über alles Mögliche reden, ohne dass er ständig herumwitzelt, wie es mein Geschiedener getan hat.«

Friederike und ihr erster Mann haben sich bei der Partnerwahl im Typ geirrt. Er hat jetzt eine Partnerin gefunden, die ihn humorvoll findet und in ihm einen sympathischen großen Jungen sieht, mit dem man jede Menge Spaß haben kann.

Sie ist in zweiter Ehe mit einem Mann verheiratet, der in ihren Augen erwachsen ist und ernst zu nehmen. Die alte Volksweisheit »Jung gefreit hat nie gereut« muss nicht in allen Fällen eine Weisheit sein. Es kommt vor, dass sich zwei junge, noch unfertige Menschen in eine jeweils andere Richtung hin entwickeln und dass es dann keine Berührungspunkte mehr gibt.

Bei Willy ist es umgekehrt gewesen. Er hat als junger Handwerker ein sehr hübsches, einfaches Mädchen geheiratet, das ihm mit ganzem Einsatz geholfen hat sein Geschäft aufzubauen. Er erzählt: »Ich habe meiner ersten Frau gegenüber ein Schuldgefühl, das ich nie loswerden kann. Ich habe mich von ihr getrennt, weil sie meinen Weg nach oben nicht mitgehen wollte oder konnte. Ich habe Schulungen besucht und ein Seminar in Sprechtechnik absolviert, als man mich gebeten hat, die Aufgabe eines führenden Funktionärs in der Branche zu übernehmen.

Ich habe es auch zu einer Führungsposition als Kommunalpolitiker gebracht. Meine damalige Frau war nicht dazu zu bewegen, sich weiterzubilden.

Sie hat absichtlich im breitesten Dialekt gesprochen, um mich zu provozieren, und ich konnte mich mit ihr nicht in der Öffentlichkeit zeigen. Schließlich kam es zur Scheidung und ich bin heute mit einer Frau verheiratet, die mich versteht und die das Niveau hat, das ich mir von einer Partnerin wünsche.«

Die Aussage der geschiedenen Ehefrau lautet anders. Sie sagt: »Damals war ich ihm gut genug und auch das Geld meines Vaters kam ihm gelegen zum Aufbau seiner Firma. Als er dann ganz oben war, hat er mich fallen lassen wie eine heiße Kartoffel. Ich lebe heute im Haus meines Sohnes und ziehe meine Enkelkinder groß. Von einem Mann will ich nichts mehr wissen. Diese Enttäuschung hat mir gereicht.«

Die Frau war nicht flexibel genug, um sich der Weiterentwicklung ihres Mannes anzupassen, oder der Mann hatte nicht genügend Geduld, ihr dabei behilflich zu sein. Zumindest sieht das für den Außenstehenden so aus.

Es muss aber nicht immer zu einer entwicklungsbedingten Entfremdung kommen. Die einmal so charmante Ehefrau etwa entpuppt sich nach einigen Ehejahren als kreischende Furie oder der in den Flitterwochen so liebevolle Ehemann als tobender Unhold.

Und hier kehren wir wieder zu den alten Märchen und ihrer tiefenpsychologischen Aussagekraft zurück. Ein

Unglücklicher wird von einem bösen Zauberer oder einer Hexe in ein Ungeheuer oder eine Missgestalt verwandelt. Die Person, die ihn erlösen will, hat einen beschwerlichen Weg vor sich. Sie muss durch finstere Schluchten wandern und durch dorniges Gestrüpp. Das Ziel erreichen nur die großen Liebenden, die vor nichts zurückschrecken. Je näher man dem Verhexten kommt, desto scheußlicher verändert er sich. Er spuckt Feuer, Gift und Galle und wehrt sich gegen seine Erlösung.

In das Alltagsleben übersetzt bedeutet das: Man muss der Ursache der Veränderung auf den Grund gehen, wenn man das Verhalten des Partners wieder normalisieren will, und das kann recht schwierig werden.

Je näher man dieser Ursache kommt, desto abweisender gebärdet er sich unter Umständen. Er will ja sein Geheimnis für sich behalten, sonst hätte er längst mit dem anderen darüber gesprochen. »Er spuckt Gift und Galle und speit Feuer.« Oft kennt er die Ursache selbst nicht.

Es kann eine Kränkung sein, die man dem anderen irgendwann, ohne es zu wissen und zu wollen, zugefügt hat und mit der er nicht fertig werden kann. Er ist aber zu stolz, darüber zu sprechen. Bei jeder Gelegenheit kommt ihm jetzt die Galle hoch, ohne dass es einen ersichtlichen Grund dafür gäbe.

Es können finanzielle Schwierigkeiten sein, die ihn bedrücken, ein Fiasko im Beruf. Vielfach jedoch sind es gesundheitliche Probleme, die einen Menschen so verändern können, dass er für seine Umwelt zur Belastung wird.

Die Palette reicht von Hormonstörungen (bei Frauen in den Wechseljahren zum Beispiel) über Krankheiten, die chronische Schmerzen bereiten (Rheuma, Magen- und Darmentzündungen usw.), Nebenwirkungen von Medikamenten gegen bestimmte Leiden bis zu psychischen Erkrankungen.

Wenn also nach und nach oder auch plötzlich eine Verhaltensänderung eintritt, so sollte sich der Betroffene einer gründlichen ärztlichen Untersuchung unterziehen. Der Partner kann dazu anregen, sollte aber vorsichtig vorgehen, um sich nicht dem Vorwurf der Bevormundung und einem neuerlichen Konflikt auszusetzen. In sehr vielen Fällen bedeutet erfolgreiche Therapie des Grundleidens einen neuen Anfang in der Partnerschaft.

»Freizeit, die ich meine«

Im Gefolge diverser Arbeitszeitverkürzungen und Urlaubsverlängerungen haben Zukunftsforscher in verschiedenen Ländern und völlig unabhängig voneinander düstere Prognosen erstellt. Im Vordergrund stand die Befürchtung, dass die Menschen mit der vielen Freizeit nichts anzufangen wissen, in ein geistiges Vakuum fallen und solcherart die Orientierung verlieren.

Diese Orientierungslosigkeit würde ein Ansteigen der Selbstmordraten und der Kriminalität zur Folge haben und der »Pfusch« im privaten Bereich werde sich zu noch nie da gewesenen Dimensionen entfalten.

Es hat sich aber herausgestellt, dass die Menschen immer Zeit gefunden haben und immer Zeit finden werden zu stehlen, zu rauben und sich und andere umzubringen und dass der »Pfusch« im privaten Bereich eindeutig durch die Einführung der Mehrwertsteuer zur vollen Blüte gelangte.

Was die Zukunftsforscher nicht ins Kalkül gezogen haben, war die Entstehung einer breit gefächerten Freizeitindustrie mit dem Schwerpunkt Fremdenverkehr. Die durch Mangel an Arbeit im Beruf ins geistige Vakuum Fallenden blieben Einzelfälle. In der Mehrzahl versuchten die Menschen ihre Freizeit mit verschiedenen Hobbys auszufüllen und sie entdeckten in ihrer Eigenschaft als Touristen fremde Länder, Sitten und Speisen.

Auf Partnerschaften kann die Freizeit völlig konträre Auswirkungen haben. Sie kann Menschen zueinander führen und verbinden, sie kann sie aber auch auseinander bringen und entzweien.

Das Fernsehen zum Beispiel hat sich ebenso als Familienkitt wie als Familienkiller erwiesen. Manche Familien treffen sich abends vor dem Fernsehapparat, um sich ein Programm ihrer Wahl anzuschauen. Das kann Sport sein, ein spannender Krimi oder ein kulturelles Programm. Oft kommen auch Nachbarn dazu, Freunde. Anschließend diskutiert man den Film und sitzt gemütlich beisammen. Für viele alte, einsame oder kontaktarme Menschen ist das Fernsehen ein wichtiges Kommunikationsmittel.

Aber es kann natürlich auch negative Auswirkungen haben. Fanny sagt: »Rudi sitzt jeden Abend, jeden Feiertag oder Sonntag vor dem Fernseher und glotzt in die Röhre, egal, welches Programm es gibt. Er ist für mich nicht ansprechbar. Er hat eine Flasche Bier neben sich und einen Teller mit Kartoffelchips. Durch den Bewegungsmangel ist er entsprechend fett geworden. Der Bauch hängt ihm über den Hosenbund und er hat bereits ein Dreifachkinn. Dabei war er einmal ein sportlicher, fescher, drahtiger Bursch!«

Rudi sieht das anders. Er sagt: »Das ist eben die Freizeit, die ich meine! Ich habe einen anstrengenden Beruf und muss mich jede Sekunde konzentrieren, sonst gehen unter Umständen Millionenwerte verloren. Ich muss mich entspannen. Meine Frau ist eine Betriebsnudel, ständig will sie zum Heurigen oder sonst irgendwohin gehen. Ich aber brauche meine Ruhe und Entspannung. Wenn es meiner Frau nicht passt, soll sie sich einen anderen suchen.« (Was diese schließlich auch getan hat.)

Ist Rudi in ein »geistiges Vakuum« gefallen?

Ganz sicher braucht er Ruhe und Entspannung. Er ist in der Metallverarbeitung tätig, und wenn er zur falschen Zeit auf den falschen Knopf drückt, kann es tatsächlich ein größeres Malheur geben, aber er ist natürlich auch ein Mensch, der sich gehen lässt und nicht daran denkt, eine Form der Freizeitgestaltung zu suchen, die ihm zwar Entspannung bringt, aber auch seine Frau mit einbezieht.

Dem Vernehmen nach lebt er jetzt allein und ohne Partnerin. Es ist auch besser, wenn das so bleibt, denn Rudi ist kein Mensch mit einer partnerschaftlichen Gesinnung. Das ist eine Frage des Charakters. Für ihn existiert nur sein Fachwissen, alles, was außerhalb liegt, interessiert ihn nicht. Er gehört tatsächlich zu den Menschen, die außerhalb ihres Berufes mit ihrer Freizeit nichts anzufangen wissen.

Ein Finanzbeamter wusste das wohl. Er erfüllte sich seinen Lebenswunsch. Er richtete im Keller ein Terrarium ein und begann Giftschlangen zu züchten. Seine Frau ist ihm nach 25 Jahren Ehe buchstäblich davongerannt. Sie hat sich nicht einmal Zeit genommen, ihre Koffer zu packen.

Nun ist es natürlich jedermanns Recht, sich einen Lebenswunsch zu erfüllen, nur sollte es tunlichst nach

Absprache und mit Einverständnis des jeweiligen Partners geschehen.

Der Finanzbeamte rechtfertigt sich damit, dass er seine Frau überraschen wollte. Das dürfte ihm auch gelungen sein.

Klara und Ernst sind, was ihre Freizeitbeschäftigung anbelangt, ein Herz und eine Seele. Sie knüpfen gemeinsam Teppiche nach interessanten Vorlagen und im Stil verschiedener exotischer Länder. Jeder knüpft an einem Ende und sie hören dabei Musik oder kramen Erinnerungen aus. Das ganze Haus vom Dachboden bis zum Keller ist teppichbelegt und sämtliche Familienmitglieder und Freunde sind mit Teppichen aller Farben, Formen und Größen versorgt.

Ein gemeinsames Hobby ist aber nicht die Voraussetzung für eine funktionierende Partnerschaft.

Michaela erzählt: »Mein Mann ist ein leidenschaftlicher Schachspieler. Für mich ist das ein Buch mit sieben Siegeln, aber es stört mich durchaus nicht, wenn er mit seinem Schachpartner beisammen sitzt und stundenlang in tiefem Schweigen die Figuren hin und her bewegt. Ich habe mich mit der Frau dieses Partners angefreundet und wir beide gehen dann ins Kino, ins Theater oder wir halten ganz einfach ein Plauderstündchen.«

Michaela hat Verständnis für das Hobby ihres Mannes und er wiederum versteht, wenn sie sich aus diesem Spiel nichts macht. Es muss nicht unbedingt trennend wirken, wenn zwei Partner nicht ein und dasselbe Hobby haben. Es kommt nur darauf an, wie sie mit der Passion des anderen umzugehen gelernt haben.

Die Freizeit, die »ich« meine, muss nicht unbedingt die Freizeit sein, die »du« meinst oder die »wir« meinen. Das trifft ganz besonders auf die Gestaltung eines gemeinsamen Urlaubs zu. Oft kommt es bereits bei der Wahl des Urlaubsortes zu Differenzen, und wenn sich keine Kompromisslösung finden lässt, zu einem ernsten Zerwürfnis. Man muss also nicht unbedingt in ein geistiges Vakuum fallen, damit etwas, das Freude bereiten und Entspannung bringen soll, zum Problem wird.

Reisen will überhaupt gelernt sein. Naturtalente sind hier eher selten. Selbst wenn man sich über die Wahl des Urlaubsortes einig ist, kann es zu Stresssituationen kommen. Nicht jeder Reiselustige zum Beispiel beherrscht eine Fremdsprache. Es gibt also Verständigungsschwierigkeiten.

Viele Menschen haben eine Schwellenangst vor einem Reisebüro oder davor, Flugtickets zu buchen. Selbst wenn alle diese Barrieren überwunden sind, fühlen sich manche Urlauber in einem fremden Land, bei ungewohntem Klima und ungewohnten Speisen allein gelassen. Das Hotelzimmer ist eng. Die Partnerschaft erweist sich als allzu dicht. Es entstehen Aggressionen, und wenn etwas nicht so klappt, wie man es sich gewünscht hat oder wie es im Prospekt steht, kommt es zu Schuldzuweisungen. Der Streit ist vorprogrammiert.

Es ist durchaus keine Bildungslücke oder kein wie immer geartetes Manko, wenn man kein versierter Urlauber ist. Wer sich seiner Sache nicht sicher fühlt, vertraut sich besser einem seriösen Veranstalter von Gruppenreisen an. Es gibt Institutionen oder Vereine, die eine Reise so zu organisieren verstehen, dass die Beteiligten nur den Genuss haben und keinen Stress. Gibt es aber unerwartete Schwierigkeiten, ist der Reiseleiter ein Ansprechpartner, dem man sich anvertrauen kann.

Der Postbote Florian und seine Frau Else zum Beispiel haben sich ihr Urlaubsziel aus einem Prospekt herausgesucht. Ein wunderschönes Foto, darauf ein elegantes Hotel, weißer Sandstrand, blauer Himmel, blaues Meer. Was aber auf diesem Foto nicht zu sehen gewesen ist, war die Flugschneise, die direkt über dem Hotelareal verlief. Auch der Blick aus dem Hotelzimmer ging nicht wie angekündigt auf das blaue Meer, sondern auf eine Tankstelle, ebenfalls lärmträchtig und geruchsintensiv, da benzinhältig. Else saß schließlich auf der Kante ihres Hotelbettes und brach in Schluchzen aus. Florian konnte seine Frau nicht weinen sehen. Er nahm sie tröstend in die Arme und sagte: »Wein´ nicht, Schätzchen, wir sind eh nur 14 Tage hier ...« Florian hat vernünftig reagiert. Er hat seine Frau getröstet. Es kam zu keinen Schuldzuweisungen. Das Ehepaar ging dann Arm in Arm zur nächsten Drogerie und kaufte Oro-Pax.

Doch es ist natürlich nicht der Sinn eines Urlaubes, sich damit zu trösten, dass er nach 14 Tagen zu Ende geht. Florian und Else hätten besser eine Gruppenreise gebucht und dem Veranstalter Vorbereitung und Verantwortung dafür überlassen.

Reiseveranstalter welcher Art auch immer sind vorsichtig geworden, denn der Arm der Konsumentenschützer reicht weit. Auch sind die Touristen mündiger geworden. Es sind daher die Prospekte auch in den meisten Fällen relativ ehrlich gehalten. Eine gewisse Vorsicht ist aber immer geboten.

Wenn zum Beispiel ein »komfortables Hotel« angekündigt ist, das »inmitten des munteren Getriebes einer idyllischen Kleinstadt« liegt, muss man mit entsprechender Lärmentwicklung rechnen, wozu auch der Straßenverkehr gehört und die durch Benzindämpfe verunreinigte Luft.

Ist es eine »Familienpension auf einem Hügel mit zauberhaften Fernblick und nur etwa 20 Minuten bis zum Strand«, geht man bergab unter Umständen 30 Minuten und bergauf bei sengender Hitze doppelt so lang.

Auch wenn das Hotel an einer »wenig befahrenen Straße« liegt, ist Vorsicht geboten. Es gibt genügend Unterkünfte, die abseits und in verkehrsberuhigten Zonen liegen.

Man kann sich viel Stress und Enttäuschung ersparen, wenn man einen Urlaub genau und von langer Hand plant, sich vielseitig informiert und es sich zur Gewohnheit macht, in Prospekten zwischen den Zeilen zu lesen.

Internet-Surfer haben es hier leicht. Sie können sich genaue Informationen verschaffen, in Wort und Bild, und auch gleich das Reiseziel buchen.

Das ist natürlich nicht jedermanns Sache. Veronika und Fritz zum Beispiel reisen grundsätzlich ins Blitzblaue. Fritz sagt: »Es ist fantastisch, ganz einfach mit dem Wagen loszufahren und dann irgendwo zu landen, wo es uns gerade gefällt. Ungefähr peilen wir eine Zielrichtung an, aber sonst ist alles dem Zufall überlassen. Zwischenfälle sind mit eingeplant und werden in Kauf genommen.«

Fritz hat eine Partnerin, die das akzeptiert und die ebenso abenteuerlustig ist wie er. Sie haben ein Zelt dabei mit der nötigen Ausrüstung und sind so völlig unabhängig. Die beiden haben auf diese Weise schon viele Paradiese kennen gelernt.

Zu Hause sehen sie sich dann Filme und Fotos an und schwelgen in Erinnerungen. Es ist eine Form des Urlaubs, die sie verbindet.

Dass es aber auch Urlaube gibt, die trennend wirken, beweist schon einmal die Tatsache, dass sich ein neuer Zweig der Wissenschaft herausgebildet hat, die »Freizeitpädagogik« mit dem Teilbereich »Urlaubspädagogik«. Die Wissenschaft trägt theoretisch und praktisch zur Lösung der Urlaubsproblematik in der modernen Industriegesellschaft bei. Hauptarbeitsfeld ist die Urlaubsberatung für Jugendliche, Erwachsene und ältere Menschen.

In diversen Urlaubszentren sind sogar eigene Freizeithelfer tätig, die Hilfestellung zur partnerschaftlichen, konfliktbewältigenden Beschäftigung bieten.

Auch eine Urlaubsforschung gibt es, die damit beschäftigt ist, optimale Bedingungen für eine sinnvolle Freizeit- und Urlaubsgestaltung zu ermitteln, unter Berücksichtigung der verschiedenen Formen, die sich herauskristallisiert haben: Aktivurlaub mit diversen sportlichen Betätigungen oder Urlaub in so genannten Ruhedörfern beziehungsweise der Kuraufenthalt. Es werden unter anderem Vorgänge der Ermüdung und der Erholung experimentell untersucht, um Urlaubsreife und Erholungszustand zu erfassen.

Was sagt der Arzt zum Thema Urlaub? Wann Meer, wann Gebirge? Welche Höhenlage ist günstig beziehungsweise zu vermeiden und in welchen Fällen?

Urlaub sollte der Regeneration, der Erholung dienen. Eine Binsenweisheit zwar, dennoch »packen« viele Menschen die Sache falsch an. Sie meinen, ein »Kontrastprogramm« zu ihrem sonstigen Leben auswählen zu müssen. Der Hektische, Betriebsame will sich in die Rolle des Lesenden, Faulenzenden zwingen. Der Beschauliche strebt einen Abenteuerurlaub an.

Falsch! Gerade der Urlaub sollte jene Zeit sein, in der man möglichst locker seinen Neigungen (im erlaubten Rahmen) nachgeben darf. Der Betriebsame wird auch im Urlaub »action« brauchen, um sich wirklich wohl zu fühlen. Und der Beschauliche wird sich am liebsten mit einem Buch zurückziehen.

Die Wahl des Urlaubsortes selbst hängt mitunter von den körperlichen Voraussetzungen ab. Da sollte man den Arzt ein wenig mitplanen lassen. Eine Reihe gesundheitlicher Beschwerden (Herz, Kreislauf) machen einen Urlaub in größerer Höhe riskant. Allergiker werden sich im Gebirge beziehungsweise am Meer wohler fühlen als inmitten blühender Wiesen. Wer körperliche Probleme hat, der sollte vor Urlaubsantritt seinen Arzt um Rat fragen.

Wichtig ist in diesem Zusammenhang, dass natürlich jede Behandlung im Urlaub ohne Unterbrechung fortgesetzt wird. Ärzte erleben immer wieder, dass ihre Patienten glauben: »Wenn ich im Urlaub bin, brauche ich ohnedies keine Medikamente gegen Bluthochdruck, Diabetes usw.« Eine lebensgefährliche Fehleinschätzung!

Viele Menschen haben Probleme mit Flugreisen. Da sollte man sich rechtzeitig wappnen. Wer zu Krampfadern beziehungsweise zu Thrombosen neigt, der sollte im Flugzeug wenig essen und viel trinken (keinen Alkohol), der sollte Stützstrümpfe tragen, die verordneten Medikamente einnehmen und trachten, die Beine möglichst wenig anzuwinkeln. Immer wieder aufstehen, in den Zehenstand gehen, die Beine ausschütteln, hin und her gehen.

Vor längeren Flügen kann man sich von seinem Arzt meistens problemlos ein mildes Schlafmittel verschreiben lassen. Gegen den gefürchteten Jetlag bei größerer Zeitverschiebung bewährt sich das Präparat Melatonin. Diese hormonähnliche Substanz bringt den Wach-Schlaf-Rhythmus ziemlich gut wieder ins Lot.

Wichtig ist es jedenfalls zusammenfassend, im Urlaub einen Tapetenwechsel anzustreben, wenn man wirklich erholungsbedürftig ist. So nett das eigene Gartenhäuschen sein mag, besser wäre es, zumindest zu Urlaubsbeginn wenigstens eine Woche zu verreisen, nicht erreichbar zu sein. Dann kann man auch die vertraute Umgebung wieder besser genießen …

Die Frau – eine Weltmacht

Die Schnecken-Minnerl sitzt in ihrer dämmrigen Küche. Obwohl das Feuer im Herd prasselt, hat sie ein Gugl (Kopftuch) um und einen gehäkelten Umhang um die Schultern. Die Schnecken-Minnerl verdankt den Beinamen ihrer sehr bedächtigen Art, sich zu bewegen. Sie ist damit oder vielleicht gerade deshalb 103 Jahre alt geworden. Jetzt sitzt sie in der Kuchl, betreut von Tochter und Enkelkindern, und murmelt vor sich hin: »Der Kaiser hat eine Gemahlin, der Beamte hat eine Gattin, der Handwerker hat eine Frau, der Bauer und der Arbeiter haben ein Weib.«

So ist es in ihrem Schulbuch in der Volksschule gestanden, entsprechend illustriert und sie hat es auswendig lernen müssen. Sie kann es noch heute und wie man sieht, hat es sie so beeindruckt, dass es in ihrem Dämmerzustand das Einzige ist, das sie sich gemerkt hat.

Die sozialen Kriterien haben sich seither entscheidend gewandelt. Der Kaiser hat keine Gemahlin mehr, schon einmal deshalb nicht, weil es ihn in dieser Form nicht mehr gibt. Eine Gattin hat bestenfalls nur noch der Handwerker.

(Die »Tischlermeistersgattin« existiert vereinzelt noch auf Visitenkarten und als Briefadresse.)

Doch weder der Bauer noch der Arbeiter haben mehr ein »Weib«, nicht jeder für sich, geschweige denn gemeinsam. Der »Handkuss an die Frau Gemahlin« ist im Aussterben begriffen und ruft namentlich bei der jüngeren Generation ein Lächeln hervor. Die meisten Ehemänner, egal welcher Bevölkerungsschicht sie angehören, haben heute nur noch eine Frau (jeder für sich) und eine Frau hat ihren Mann.

Entscheidend gewandelt hat sich aber auch die Einstellung der Gesellschaft zur Frau. Vor allem aber die Einstellung der Frau zur Frau.

Theodor Fontanes Roman »Effi Briest« gibt eine sehr realistische Darstellung von der Rolle der Frau Ende des 19. Jahrhunderts: Die 17-jährige Effi Briest wird vom Spiel mit den Freundinnen aus dem Garten ins Haus gerufen und dort ihrem Verlobten vorgestellt. Ihre erste Reaktion ist Triumph darüber, dass sie als Erste aus dem Kreis ihrer Freundinnen einen Ehemann bekommen soll und damit auch eine passable Existenz, denn Herr von Innstetten ist als höherer Beamter das, was man eine »gute Partie« nennen kann. Eine standesgemäße Heirat. Von Liebe auf beiden Seiten keine Rede. Als Herr von Innstetten nach etlichen Jahren durch Zufall von einem schon zurück liegenden Fehltritt seiner jungen Frau erfährt, verliert Effi mit der Scheidung die Existenz, jegliches Recht auf ihr Kind, wird von der Gesellschaft ausgestoßen und geächtet und darf auch nicht ins Elternhaus zurückkehren.

Lediglich eine spärliche finanzielle Unterstützung, einen

Vorgriff auf ihr Erbteil, gesteht man ihr zu. Der Scheidungsbrief wird ihr ohne jede Anhörung zugestellt. Herr von Innstetten sieht sich auch gezwungen, seinen Rivalen, der längst keiner mehr ist, im Duell totzuschießen. Die Standesehre verlangt das. Erst dann wird die sterbenskranke Effi von den Eltern wieder aufgenommen.

Der geschiedene Gatte (der Beamte hat damals eine Gattin und ist ein »Gatte«) gesteht ihr knapp vor ihrem Tod noch den Hund zu, den sie so geliebt hat. Effis Kommentar: »Er ist sehr edel für jemanden, der keine Liebe hat ...«

Die auf den Hund gekommene Effi Briest ist ein Extremfall, sie ist das in jeder Hinsicht, aber vielleicht gerade deshalb symptomatisch für die Rolle der Frau in dieser Zeit.

Keine 17-Jährige würde sich heute von der Schaukel herunter mit einem Mann verloben lassen, den sie einmal flüchtig gesehen hat. Eine junge Frau unserer Zeit und unseres Kulturkreises ist nicht mehr passiv, sie wird nicht geheiratet oder verheiratet. Sie heiratet aus Liebe oder was sie dafür hält, keinesfalls aber um versorgt zu sein.

Die heute 65-jährige Annie erzählt von ihren Eltern, die sie zu ihrem Glück zwingen wollten: »Ich war knapp 17, als ich mich in einen von unseren Gärtnersburschen verliebte – mein Vater hatte eine Großgärtnerei. Als meine Eltern dahinter kamen, gab es Ohrfeigen und ich wurde in meinem Zimmer eingesperrt. Sie beschlossen mich mit einem gut situierten Kaufmann aus dem Nachbarort zu verheiraten.

Doch Heinz, heute mein Ehemann, befreite mich mit Hilfe einer Strickleiter. Wir flüchteten mit unseren Fahrrädern, Geld für öffentliche Verkehrsmittel hatten wir nicht.«

Die jungen Leute kamen nicht weit, die von den Eltern verständigte Polizei holte sie ein und brachte sie zurück. Es kam zu einer Gerichtsverhandlung.

Entführung und Verführung einer Minderjährigen. So lautete die Anklage gegen den jungen Mann. Der Richter fragte Annie: »Warum sind Sie denn aus dem Elternhaus davongelaufen, Fräulein?« Annie antwortete: »Weil mich meine Eltern mit einem alten Mann verheiraten wollten.« Der Richter: »Wie alt ist denn dieser alte Mann?« Annie: »34.« Alles lachte und der Richter überredete die Eltern, ihre Klage zurückzuziehen, was sie schließlich auch taten.

Annie und Heinz durften heiraten. Die Presseberichte in allen Tageszeitungen und Illustrierten taten ein Übriges, um die Eltern davon zu überzeugen, dass man einer so großen Liebe nicht im Wege stehen sollte.

Und heute? Annie sagt: »Wir haben vier Kinder und sieben Enkelkinder. Meine Eltern waren schließlich froh, dass ein Fachmann wie der Heinz die Gärtnerei übernehmen konnte, als mein Vater krank wurde. Ich konnte mich frei entscheiden, ob ich im Betrieb mitarbeiten wollte oder im Haushalt bleiben und Kinder großziehen. Mein Mann respektiert meine Arbeit genauso wie ich die seine im Betrieb. Nur meine Freundinnen ärgern mich manchmal, wenn sie sagen: Da kannst du nicht mitreden, du bist ja nur eine Hausfrau ...«

Und ist die große Liebe nicht auf der Strecke geblieben? Annie wird ein wenig verlegen. Sie sagt: »Liebe und Treue, das sind Klischees, ich weiß das, aber unsere Ehe ist darauf aufgebaut. Und sie hat trotzdem gehalten, bis heute.«

Trotzdem? Annies Eltern, die ihre Tochter zu einer Heirat mit einem Mann zwingen wollten, den sie nicht liebte, galten damals in den Fünfzigerjahren schon als Relikt aus einer vergangenen Zeit. Annie hatte eine sehr klare Vorstellung von dem Mann, den sie heiraten wollte, und sie hat sich diesen Mann erkämpft.

Auch Effi Briest hatte eine Vorstellung von dem Mann, den sie heiraten wollte, doch es war eine vollkommen unpersönliche Vorstellung.

Sie wird von einer Freundin gefragt: »Ist es denn auch der Richtige?« Effi antwortet: »Gewiss ist es der Richtige ... Jeder ist der Richtige. Natürlich muss er von Adel sein und eine Stellung haben und gut aussehen.«

Und was sie nicht ausspricht, das denkt sie: »Ich werde mit 20 schon dort sein, wo andere Frauen erst mit 40 sind.« Sie meint damit ihre Karriere als Ehefrau eines ehrgeizigen und auf Karriere ausgerichteten Ehemannes, ihre Stellung in der Gesellschaft.

Die Frau der Gegenwart und unseres Kulturkreises hat ihre eigene Karriere. Sie strebt keine Karriere als Ehefrau eines angesehenen Mannes an. Annies Freundinnen sind alle berufstätig. Sie sagen zu Annie: »Du bist nur eine Hausfrau, du kannst da nicht mitreden.« Das »nur« ist nicht im Sinne von ausschließlich gemeint, sondern abwertend.

Zu Effi Briests Zeiten war das Leitbild der Frau das einer Dame der Gesellschaft, keineswegs beruflich ausgebildet, doch mit einer leidlich guten Allgemeinbildung, sie saß am Stickrahmen und spielte Klavier. Die Anrede der Damen untereinander war »Gnädigste Frau«, wenn sie einer Verheirateten galt, und »Gnädigstes Fräulein«, wenn unverheiratet.

Das Pendel der Emanzipation schlug ins Gegenextrem aus: Zurzeit ist das Leitbild der Frau die Berufstätige, die Selbstständige. Sie hat ihr Leben selbst im Griff und sie betrachtet die »Nur-Hausfrau« mit einer gewissen Geringschätzung.

Es ist dies eine Zwischenstufe der Emanzipation.

Eine echte Gleichgewichtung Mann–Frau wird die Emanzipation erst dann bringen, wenn die Frau in ihrer natürlichen Funktion den Rang in der Gesellschaft einnimmt, der ihr zukommt, nämlich als Frau.

Solange gesagt wird, diese Frau ist »nur« Hausfrau, sie hat ja vier Kinder und keinen Beruf, ist die Gesellschaft noch weit davon entfernt, das geeignete Umfeld für eine organisch gewachsene Emanzipation zu sein.

Die Frau muss in ihrer Eigenschaft als Frau reüssieren und nicht als Mann verkleidet. Jeder ist heute schon davon überzeugt, dass auch eine Frau als Tischlerin oder Hufschmiedin erfolgreich sein kann. Es ist aber genauso unwesentlich, wie es unwesentlich ist, ob man »jedermann« sagt oder »jederfrau« beziehungsweise ob der Weihnachtsmann auch eine Weihnachtsfrau sein könnte. Frauenrechtlerinnen, die sich für diese Themen einsetzen, haben blinde Munition in ihren Pistolen und schießen außerdem noch am Ziel vorbei.

Die Frau von heute ist sich ihrer tatsächlichen Macht noch nicht bewusst. International gesehen verwalten die Frauen ein weit größeres Haushaltsbudget als alle Finanzminister dieser Erde. Und sie verwalten es weit geschickter, verantwortungsbewusster und zielführender, denn sie können nicht mit einem Federstrich Mehreinnahmen, sprich Steuererhöhungen, verfügen, wenn die Ausgaben nicht gedeckt sind.

Die Frauen dieser Welt bestimmen den Weltmarkt. Sie können Produkte erscheinen und verschwinden lassen. Es ist aber bezeichnend, dass, wenn es zum Beispiel vor einer politischen Wahl darum geht, den Frauen mehr Rechte zu versprechen, in der überwiegenden Mehrzahl Männer auf den Politikerbänken sitzen.

Die Frauen sind in der Politik nach wie vor spärlich vertreten, spärlich der Zahl und der Persönlichkeit nach. Sie werden vorwiegend von Männern ausgewählt und nach Kriterien, die es ihnen nicht möglich machen, diesen den Rang abzulaufen.

Frauen, die in die Politik die ganze Stärke, Intelligenz und Intuition einer echten Frau einbringen, sind seit Maria Theresia selten zu beobachten gewesen.

Annies Freundinnen sagen: »Du bist nur eine Hausfrau …« Annie konnte sich aber frei entscheiden. Sie hat sich nicht für einen Beruf außerhalb des Hauses entschieden, sondern für den Haushaltsberuf und die Erziehung der Kinder. Wenn sich alle Frauen dieser Erde gegen das Austragen und Großziehen von Kindern entscheiden, stirbt die Menschheit aus.

(Wie weit das für den Kosmos günstig oder ungünstig wäre, ist eine zweite Frage.) Annies Mann ist voll Anerkennung für die Leistung seiner Frau als Hausfrau und Mutter. Für ihn ist das ein Beruf wie jeder andere. Er ist ein moderner Mann, denn seine Einstellung zur Frau entspricht der Realität. Es bleibt den Freundinnen vorbehalten, Annies Tätigkeit abzuwerten. Das ist nur ein Beispiel von vielen, das zeigt: Das Rollenbild der Frau wird in erster Linie von den Frauen geprägt und nicht von den Männern.

Elisabeth Schwinner ist Kindergärtnerin. Sie lebt in einer Kleinstadt an der Grenze zwischen Wein- und Waldviertel. Sie sagt: »Die Emanzipation beginnt im Kindergarten. Einen erwachsenen Menschen zu einer modernen Frau oder zu einem fortschrittlich denkenden Mann zu erziehen ist schwierig oder gar unmöglich. Ich kämpfe auch heute noch mit Müttern, die ihren Kindern sagen: ›Das ist nichts für ein Mädchen‹ oder ›Das braucht ein Bub nicht machen‹, wenn es um bestimmte Tätigkeiten geht. Ich lasse meine Kinder Kuchen backen und danach aufräumen, die Buben genauso wie die Mädchen und alle sind mit Eifer bei der Sache. Ich finde es auch sehr vernünftig, dass in unserer Hauptschule Küchen eingerichtet sind und das Kochen ein Hauptfach ist, verpflichtend für Buben und Mädchen gleichermaßen. Beide lernen einen Haushalt führen, ein Budget erstellen und einen Speisezettel für gesunde Ernährung zusammenzustellen.«

Ein Mann, der schon in der Kindheit die Hausarbeit kennen gelernt hat, wird später eher zu einer partnerschaftlichen Zusammenarbeit bereit sein, etwa, wenn seine Frau berufstätig ist. Er wird es nicht als Abwertung seiner Männlichkeit empfinden, wenn er mit Hand anlegt. Partnerschaftliche Zusammenarbeit kann man nicht per Verordnung delegieren. Wird sie vom Gesetzgeber als verpflichtend festgelegt, so kommt das höchstens im Fall einer Scheidung zum Tragen, dann nämlich, wenn auch dem

Mann »Vernachlässigung des Haushalts« als Eheverfehlung angerechnet werden kann. Zu einer intakten Ehe kann aber auch eine noch so gut gemeinte Verordnung nicht führen.

Gerlinde und Christian, die beiden Studenten, die in einer eheähnlichen Gemeinschaft leben, sehen keine Probleme darin, gemeinsam einen Haushalt zu führen. Gerlinde sagt: »Christian steht vor einer sehr schwierigen Prüfung und da entlaste ich ihn im Haushalt. In ca. 14 Tagen habe ich einige Prüfungen hintereinander, da entlastet er mich.« Sie sagt das so selbstverständlich, dass man annehmen kann, die gegenseitige Entlastung gehört für die beiden jungen Menschen zu den alltäglichen Dingen ihres Lebens. Später, nach Abschluss des Studiums, wollen sie heiraten und Kinder haben, und wenn es so weit ist, werden beide einen Kurs für Säuglingspflege besuchen.

Gerlinde wird nach Abschluss des Studiums den Titel »Diplomingenieur« führen und als Versicherungsmathematikerin tätig sein. Christian will in den diplomatischen Dienst treten oder eventuell auch ins höhere Betriebsmanagement gehen.

Beide Frauen, sowohl Annie als auch Gerlinde, leben in einer modernen weil partnerschaftlich ausgerichteten Beziehung. Es ist nur ein jeweils anders geartetes Modell einer Partnerschaft. Und beide Frauen haben sich frei für den Platz entschieden, den sie ausfüllen wollen.

Es ist aber zu wenig, wenn sich der eine oder andere Mann oder die eine oder andere Frau dafür ausspricht, dass die Führung eines Haushaltes und die Erziehung der Kinder ein Beruf ist wie jeder andere auch. Die Bewusstseinsbildung der Gesellschaft ist noch weit davon entfernt, bei einer Bewertung der Frau, die »nur« im Haushalt tätig ist, das »nur« im Sinne von ausschließlich zu betrachten und nicht abwertend. Der berufstätigen Frau aber müsste man zugestehen, dass sie sich für zwei Berufe entschieden hat. Eine steuerliche Möglichkeit der Abschreibung für einen Heimservice wäre ein entscheidender Schritt auf diesem Weg.

Es ist ein weiter Weg gewesen von Effi Briest bis zu Gerlinde und das Rollenbild der Frau hat auf diesem Weg erstaunliche Wandlungen durchgemacht.

Ungefähr zur gleichen Zeit, da Theodor Fontane seine Romanfigur entstehen lässt, kämpfte die Schriftstellerin George Sand gegen die bürgerlichen Moralbegriffe und für das Recht der Frau auf außereheliche Liebe. Sie trat in den Pariser Salons in Männerkleidung und mit langer Zigarettenspitze in Erscheinung und war die Lebensgefährtin so berühmter Männer wie Chopin. In London versuchten die Suffragetten, eine radikale englische Frauenrechtsbewegung, die politische Gleichberechtigung der Frau zu erzwingen. Sie versuchten es mit Störungen der Parlamentssitzungen und mit Hungerstreiks.

Was den Frauenrechtlerinnen nicht so recht gelingen mochte, gelang paradoxer Weise dem Zweiten Weltkrieg. Er katapultierte die Frau mitten ins Wirtschaftsleben hinein, wo sie den Platz der Männer, die an der Front kämpften, ausfüllen musste – auf allen Gebieten und in allen Bereichen, ob sie nun wollte oder nicht. Und die Frau ist bis heute ein Wirtschaftsfaktor geblieben.

Das Rollenbild der Frau, die ihren »Mann« stellt, ist im

Verblassen. Die Zukunft gehört der Frau, die sich ihrer Weiblichkeit und ihres naturgegebenen Wertes voll bewusst ist. Von dieser sicheren Basis aus wird sie jede Rolle in allen Bereichen des Lebens erfolgreich spielen können, für die sie sich selbst frei entscheidet.

Der Mann auf der Waagschale

Auch das Rollenbild des Mannes hat sich entscheidend gewandelt. Herr von Innstetten beispielsweise müsste heute seinen Rivalen nicht mehr im Duell totschießen um der Standesehre willen. Im Gegenteil, er würde sich damit eine längere Freiheitsstrafe einhandeln. Er könnte auch – was er damals im Grunde seines Herzens eigentlich gewollt hätte – seiner Frau den Fehltritt verzeihen, ohne dass die Gesellschaft daran Anstoß nähme. Man toleriert heute nicht nur die Fehltritte der Männer, man ist auch den Fehltritten der Frauen gegenüber toleranter geworden.

Mit dem Töten auf dem Kriegsschauplatz als Sinnbild für Heldentum ist man besonders in Europa – bedingt durch zwei verheerende Weltkriege – überaus vorsichtig geworden. Der Kampf der Völker – nichts anderes als ein Massenduell – ist als Massenmord entlarvt worden. Der Hurrapatriotismus hat Glanz verloren. In einem fortschrittlichen Land wie zum Beispiel Frankreich zwingt man junge Männer nicht mehr von Staats wegen, sich im Militärdienst zum Töten ausbilden zu lassen, man bestraft auch Zivildiener nicht mehr mit einer verlängerten Militärzeit: In Frankreich hat man ein Berufsheer installiert. Das sollte beispielgebend für alle anderen Länder sein.

Im Bewusstsein der Gesellschaft gewinnt das Bild des Helden, der Leben rettet oder erhält, immer mehr an Kontur. Der Kampfgeist hat sich in die Fußballstadien und auf die Skipisten verlagert. Olympioniken werden heute als Nationalhelden gefeiert (auch Frauen). Gefährlich sind allerdings Medien, die nicht nur als »Geheime Verführer« in der Werbung für bestimmte Produkte das Unbewusste manipulieren, sondern auch in Filmen, die einander an Grausamkeit und Brutalität überbieten oder die einen Verbrecher so sympathisch darstellen, dass man ihm unwillkürlich die Daumen hält, wenn er von der Polizei verfolgt wird.

Darstellungen dieser Art sind mitverantwortlich dafür, dass immer wieder die Sympathien eher dem Täter gelten als dem Opfer. Das Opfer ist schwach, der Täter ist der Stärkere.

Die Hochachtung und der Respekt vor dem Recht des Stärkeren sitzt der Gesellschaft noch immer tief in den Knochen. Als Beispiel am Rande: Das so genannte Wegweiserecht (gemeint ist keine Tafel, die eine Richtung anzeigt, sondern das Recht, Gewalttäter aus dem Familienverband auszuweisen) lässt Stimmen laut werden, die dem Mann, der Frau und Kinder misshandelt, das Bedauern aussprechen: »Der Ärmste, jetzt hat er keine Unterkunft! Was Wunder, wenn er in seiner Verzweiflung zur Waffe greift, voller Wut zurückkommt und seine Familie über den Haufen schießt.«

Das Image des Stärkeren, dem auch jegliches Recht zukommt, hat nicht zuletzt die Frau mitgeprägt. Der 80-jährige Kurt erinnert sich an seine Großmutter: »Sie erzählte immer wieder voller Stolz, wie sie einmal von einem Hausierer silberne Löffel gekauft hat, die sich später als Diebesgut erwiesen, und wie mein Großvater, der Oberförster, daraufhin voller Zorn diese Löffel, aber auch Teller und Schüsseln zum geschlossenen Fenster hinausgeworfen hat. Das war noch ein Mann, sagte die Großmutter mit einem tiefen Seufzer der Anerkennung.«

Das Image des Mannes, der einer Frau nur als Kraftlackel imponiert, hat sich seit Großvater Oberförsters Zeiten bedeutend gewandelt. Dazu gehört auch das »edle Waidwerk«, das viel von seinem Image als noble Passion verloren hat. Das Töten von Menschen im Krieg und das Töten von Tieren als Freizeitgestaltung ist nicht mehr »in«. Die Lobby der Freizeitjäger ist weitgehend unter sich und hat an Sympathie verloren. Die Hobbyjäger wissen das auch und sind dazu übergegangen, das Jägerlatein dieser Entwicklung anzupassen. Sie jagen jetzt nicht mehr, sie schießen auch keine Tiere mehr tot, sie »ernten« jetzt Wild.

Bezeichnend für diese Entwicklung ist auch, dass das Interesse der jungen Spanier heute weit eher dem Fußball gilt als dem Stierkampf. Veranstalter von Stierkämpfen beklagen immer öfter ein Defizit. Der Stierkampf als Kulthandlung, der Torero als Kultfigur sind den jungen Spaniern nicht mehr so heilig wie ihren Vätern. »Das weiße Ballett« beginnt dem Stierkampf den Rang abzulaufen.

Zum Teil ist das auch vielleicht ein Verdienst der Tierschützer, die immer wieder aufdecken, dass die Stiere vor ihrem Auftritt in der Arena durch Verletzungen geschwächt werden, damit der heldenhafte Torero nicht allzu sehr in Gefahr gerät, von den Hörnern aufgespießt zu werden. Vom Flair des Helden mag dadurch einiges verloren gegangen sein.

Der Typ des Macho ist jedoch noch nicht ausgestorben. Es gibt ihn – wie wir wissen – noch immer, aber sein Glanz beginnt zu verblassen.

Und so wie die Frau an der Entstehung des Macho namhaft beteiligt war, ist sie es auch an der Entwicklung des Mannes zum Partner.

Die Kindergärtnerin Elisabeth Schwinner erzählt: »Wir wurden schon damals in unserer Ausbildungszeit dazu angehalten, später im Beruf, bei den uns anvertrauten Kindern, auf eine Gleichgewichtung Mann–Frau hinzuarbeiten. Das ist nicht ganz einfach und stößt weniger bei den Kindern als bei den Eltern auf Widerstand. Sowohl Vater als auch Mutter beanstanden immer wieder, wenn ihr kleiner Sohn bei mir auch Kochen und Nähen lernt.

Aber mit Hilfe der Kinder, die in den meisten Fällen sehr motiviert sind, gelingt es mir, mich durchzusetzen.«

Immer öfter sind Männer dazu bereit, sich der Realität anzupassen, und es sind die Frauen, die sie dazu motivieren. So erzählt zum Beispiel die 34jährige Sonja: »Ich habe während meiner Ehe immer wieder in meinem Beruf als Köchin gearbeitet, unterbrochen durch drei Schwangerschaften. Jetzt bin ich endgültig zu meinem Beruf zurückgekehrt. Ich arbeite jetzt im hiesigen Krankenhaus als Küchenchefin. Und ich kann das nur, weil mein Mann mir sowohl im Haushalt als auch bei der Erziehung der Kinder hilft. Er ist bei der Eisenbahn beschäftigt und wir teilen uns unseren Dienst so ein, dass immer einer von uns zu Hause bei den Kindern ist. Wir haben es nicht nur geschafft, uns um die Kinder zu kümmern, sondern auch ein Haus zu bauen. Alles gemeinsam. Unsere beiden Söhne sind neun und zwölf Jahre alt und unser kleines Mädchen ist drei.«

Sonja ist bildhübsch und hat eine Mannequinfigur, sie ist 1,78 m groß und könnte nicht nur als Chefköchin, sondern auch auf einem Laufsteg Karriere machen. Ihr Mann ist eher schmächtig und etwas kleiner als sie.

Sie sagt: »Was nützt mir schon ein braun gebrannter Saunahengst. Mein Mann entspricht genau den Vorstellungen, die ich mir immer schon von einem Gefährten gemacht habe. Natürlich hat er auch seine Fehler, aber die akzeptiere ich, so wie er meine Fehler akzeptiert.«

Ist Sonjas Mann ein »Softie«? Sie verneint das ganz entschieden. Sie sagt: »Im Gegenteil, mein Mann ist ein ambitionierter Skifahrer und ein begeisterter Bergsteiger. Er weiß, was er will, und versteht auch sich durchzusetzen. Es muss ja nicht jeder ein Muskelprotz sein.«

Bei Heinz, dem ehemaligen Gärtnerburschen, der seine Frau damals entführt hat und deshalb vor Gericht gestanden ist, kommt man nicht auf die Idee, er könnte ein Softie sein. Er ist 1,85 m groß, breitschultrig und hat einen Händedruck, den man eher vermeiden möchte, weil er so kräftig ist.

Er sagt: »Ich kann das ganze Getue nicht verstehen. Es ist doch ganz normal, wenn zwei Menschen, die sich gerne haben, zusammenhalten und einander helfen.

Jetzt hat schon einer meiner Söhne die Gärtnerei übernommen, aber früher, wenn ich aus dem Betrieb nach Hause gekommen bin, war ich müde. Meine Frau, die den ganzen Tag mit den Kindern und im Haushalt beschäftigt gewesen ist, war auch müde, also haben wir gemeinsam die Kinder zu Bett gebracht und uns dann einen gemütlichen Abend gemacht. Manchmal war jeder von uns gereizt und fix und fertig, dann haben wir auch einmal gestritten. Auch das ist ganz normal.

Manchmal haben wir die Nachbarin gebeten auf die Kinder aufzupassen und sind ausgegangen. Meine Frau war nie außerhalb des Hauses beschäftigt, sie hatte mit vier Kindern genug zu tun, das war mir klar.«

Die Einstellung zur Partnerschaft ist also auch kein Generationenproblem – Heinz ist 72 –, es ist weitgehend eine Frage des Charakters und der Erziehung.

Der 52-jährige Manfred erzählt zum Beispiel: »Meine Mutter ist geschieden. Man würde heute sagen, dass sie eine Alleinerzieherin gewesen ist. Wir beide waren Partner. Sie hat in ihrem Job gearbeitet und Geld verdient, ich war in der Schule und habe einen Teil der Hausarbeit übernommen.

So war ich zum Beispiel der Einkäufer und habe die Fenster geputzt und Staub gesaugt, meine Mutter hat gekocht. Ich habe heute kein Problem damit, dass meine Frau beruflich sehr engagiert ist und wir gemeinsam den Haushalt führen. Wir haben auch zwei Kinder großgezogen und beiden hat es nicht an Zuwendung gefehlt.«

Wie sehen nun die Rahmenbedingungen für eine Partnerschaft aus, in der beide, Mann und Frau, außerhalb des Hauses berufstätig sind?

Das Recht auf Teilzeitarbeit ist gesetzlich geregelt und laut Gesetz kann sowohl die Frau als auch der Mann die Karenzzeit in Anspruch nehmen.

Das hört sich gut und vernünftig an. Wie ist es aber in der Praxis umsetzbar?

Ein Ministerialbeamter erzählt: »Ich wollte Teilzeit in Anspruch nehmen, als meine Frau, die beruflich sehr erfolgreich ist und mehr verdient als ich, das Baby bekam. Es wurde von meiner Dienststelle abgelehnt.«

Einem anderen Staatsbeamten erging es genauso bei der Karenzzeit. Es ist vielfach die Bereitschaft des Mannes da, eine Gleichgewichtung Mann–Frau zu akzeptieren. Sollte diese Bereitschaft an der Bürokratie scheitern? Es ist nur zu hoffen, dass es sich hier um Einzelfälle handelt, denn es wäre geradezu grotesk, wenn eine Verfügung, die von Staats wegen erlassen wird, von Staats wegen eine Behinderung erfährt.

Natürlich gibt es auch viele Männer, die es als entwürdigend ansehen und als unmännlich, sich eine Schürze vorzubinden und der Frau im Haushalt zu helfen. Was versteht man aber unter Männlichkeit?

Auf der Suche nach der Männlichkeit stoßen wir auf die seltsamsten Konstruktionen: Friedrich Nietzsche etwa, der »Erfinder« des Übermenschen und Präger so harscher Leitsprüche wie »Was fällt, soll man noch stoßen« war im Krieg als Sanitäter nicht zu brauchen. Er fiel in Ohnmacht, wenn er Blut sah.

Admiral Nelson betrat höchst ungern ein Schiff. Er wurde seekrank, sobald es ein wenig zu schaukeln anfing.

Von Goethe, dem wir Heldengestalten wie Egmont

oder Götz von Berlichingen verdanken, weiß die Fama zu berichten, dass er zwar einmal in den Krieg gegen die Franzosen zog, jedoch in einem eigenen Zelt untergebracht war und einen Leibburschen zu seiner Bedienung zur Verfügung hatte. Er war höchst ungehalten, wenn er seinen Kakao nicht rechtzeitig serviert bekam.

John Wayne, der Inbegriff des Westernhelden, musste in seinen letzten Filmen aufs Pferd gehoben werden, weil er zu steif und zu fett war, um es selbst zu besteigen. Erst dann konnte er wieder seine Feinde umzingeln und besiegen. Seiner Popularität, die bis heute erhalten blieb, hat das keinen Abbruch getan. (»Macht's euch bequem, gleich kommt der John Wayne!«)

Wir erfahren aber auch die Geschichte eines ganz seltsamen Helden: Ein Einbrecher kam mitten in der Nacht auf dem Weg zu seinem »Arbeitsplatz«, einer außerhalb der Stadt liegenden Lagerhalle, die er mit seinem Komplizen ausrauben wollte, an einem brennenden Haus vorbei. Eine Frau und zwei kleine Kinder waren darin eingeschlossen. Die Fenster waren vergittert und das Haustor zugesperrt. Die Frau konnte in der Aufregung den Schlüssel nicht finden. Der Einbrecher zückte sein Werkzeug, sperrte das Tor auf und rettete die Frau und die Kinder. Statt des Diebesguts holte er sich die Medaille der Lebensretter.

Es gibt zum Glück nicht oft Menschen aus brennenden Häusern oder reißenden Flüssen zu retten und im Falle eines Atomkrieges, vor dem uns Gott bewahren möge, sind die Helden nicht mehr gefragt, sondern genau so tot wie die Zivilisten.

Humphrey Bogart sagt in dem Kultfilm »Casablanca«:

»Ich schau dir in die Augen, Kleines …« Es gibt heute nicht mehr viele Frauen, die sich damit identifizieren können. Die Frau ist erwachsen geworden.

In jeder Entwicklungsstufe aber bleibt die Polarität Mann–Frau erhalten und der Mann der Stärkere. Es lebe der kleine Unterschied!

Welche Möglichkeiten hat heute noch ein Mann, abgesehen von seiner Zeugungskraft, männlich zu sein?

Dem Mann sind in allen Bereichen des Lebens viele Möglichkeiten geblieben, Kraft, Stärke und Mannesmut zu beweisen. In Politik, Wissenschaft und Wirtschaft. Alle Bereiche aber hätten als Ergänzung Intuition, Fingerspitzengefühl und den praktischen Verstand der Frauen bitter nötig. Es gäbe dann mit Sicherheit weniger blutige Auseinandersetzungen, weniger Entscheidungen, die in der Praxis nicht umsetzbar sind, und mehr Menschlichkeit.

Die Präsenz der Frau sollte über den Alibicharakter hinausreichen und sich auch außerhalb des häuslichen Herdes zu einer gleichgewichteten Partnerschaft entwickeln. Es könnte eine der zahlreichen Stärken des Mannes sein, das zu ermöglichen. Es wäre dies die Stärke der Souveränität.

In der Partnerschaft Mann–Frau aber wird eine der Stärken des Mannes darin bestehen müssen, mit seinen Kräften so umzugehen, dass das Recht des Stärkeren nicht zum Unrecht wird, sondern zur Verpflichtung, der Frau so viel von ihrer Bürde abzunehmen, dass die Waage im Gleichgewicht steht.

Nur so nämlich können beide den Lebenskampf gewinnen, der trotz aller Technisierung oder gerade deshalb immer schwieriger wird.

In jedem Fall – ob nun in der beruflichen oder in der privaten Sphäre – kommt es darauf an, im anderen nicht nur die Frau oder den Mann zu sehen, sondern den Menschen. Denn: Partner sind auch Menschen!

Resümee einer Entdeckungsreise

Die Auseinandersetzung mit dem Thema Partnerschaft ist eine Entdeckungsreise durch ein weites und vielschichtiges Gebiet, das nicht einzugrenzen ist, nicht von A bis Z zu erfassen und zu katalogisieren. Dennoch gibt es übergeordnete Erscheinungsbilder, die man als allgemein gültig betrachten kann.

Wir haben sie deshalb auch nicht im Einzelnen angeführt, sondern hier zusammengefasst.

So bringt zum Beispiel jeder Partner in eine Beziehung seine Vergangenheit ein. Das kann ein Kapital an positiven Erfahrungswerten sein, an wertvollen Erkenntnissen, an prägenden Erfolgserlebnissen, aber auch ein Ballast, bestehend aus unbewältigten schädigenden Einflüssen.

Es wird nur wenige Menschen geben, die keine belastenden Kindheits- und Jugenderlebnisse mit sich herumtragen oder negative Erfahrungen aus vorangegangenen Partnerschaften. Die Dauerhaftigkeit einer Beziehung hängt deshalb nicht einmal so sehr von der Bewältigung akuter Konfliktsituationen ab als von der

Auf dem Fußboden aber kniet der König, nackt und bloß, wie Gott in schuf. Er hat die Hände vors Gesicht geschlagen und weint bitterlich. Kaum hat die junge Königin dies erblickt, gibt es einen gewaltigen Donnerschlag und der König samt seinem Schloss ist verschwunden. Die Gänsehirtin sitzt wieder mutterseelenallein in ihrer armseligen Hütte.

Im Zeitalter der Emanzipation könnte es natürlich genauso gut ein wunderschöner, aber bettelarmer Gänsehirte sein, den die Königin zu sich auf ihr Schloss nimmt. Im Endeffekt käme es aufs Gleiche hinaus.

Das Phänomen des verschlossenen Zimmers ist allgemein menschlich. Wir haben alle etwas zu verbergen, es muss ja nicht gleich eine Leiche im Keller sein. Zumeist sind es harmlose, kleine Schwächen, die wir nicht preisgeben wollen. Wir wollen uns vor dem anderen keine »Blöße geben«, unsere Würde nicht verlieren. Der Vertrauensgrundsatz in einer Partnerschaft sollte nicht so weit gehen oder so weitgehend ausgelegt werden, dass man den anderen dazu zwingt, sich »bloßzustellen«. Die gegenseitige Achtung verlangt es, dass man das verschlossene Zimmer des anderen respektiert.

Unbefugtes Eindringen kann einen Riesenkrach zur Folge haben, schlimmstenfalls sogar einen gewaltigen Donnerschlag, der alles zerstört, was man gemeinsam aufgebaut hat.

Als übergeordnet festgestellt haben wir auch, dass die sexuelle Verklemmtheit der Vergangenheit angehört. Unsere Gesprächspartner nennen im Sexualbereich die Dinge beim Namen. Ein Koitus ist ihnen so selbstverständlich und alltäglich wie der Genuss einer Wurstsemmel. Das mag in manchen Fällen den Psychiater erübrigen, ob es den Reiz erhöht, ist fraglich.

In Erstaunen versetzt hat uns, wie sehr sich die sexuelle Verklemmtheit von anno dazumal in den Gefühlsbereich verlagert hat.

Kaum einer der Interviewten wagte es, das Wort Liebe auszusprechen. Es kam zu Umschreibungen, wie etwa »starke emotionale Bindung«, oder etwas einfacher ausgedrückt »starke Zuneigung«, flapsig formuliert »Es hat mich erwischt« oder wie eine junge Frau erzählt: »Mein Mann hat mich gesehen und sofort versucht, mich anzumachen« (mit fataler Doppelbedeutung).

Der Macho Wolf-Dietrich, der in seiner Ehe die Beschützerrolle übernommen hat, gehört zu den wenigen, die es auf den Punkt bringen. Er sagt über seine Frau: »Sie ist eine Gans, aber ich liebe sie.« Und die einfache Gärtnersfrau Annie erzählt: »Unsere Ehe ist auf Liebe und Treue aufgebaut«, schränkt aber sofort verlegen ein: »Ich weiß, dass das Klischees sind, aber sie hat trotzdem bis heute gehalten.«

Trotzdem!

Man wagt es heute zwar, im Sexualbereich die Dinge beim Namen zu nennen, aber im Gefühlsbereich schreckt man davor zurück. Begriffe wie Liebe oder Treue gelten als klischeebeladen und kitschig.

Die Entwicklung von der Prüderie unserer Vorfahren hin zur totalen Offenlegung anatomischer Beschaffenheit und physiologischer Vorgänge im Geschlechtsleben der heutigen Zeit ist deutlich in der Wechselwirkung von Literatur beziehungsweise Kunst und Gesellschaft zu beobachten. Dass Theodor Fontanes Effi Briest beispielsweise ihr Kind ohne Beischlaf empfängt, ist kein Fantasieprodukt eines Dichters. Es ist die Realität der damaligen Gesellschaft. Das sind Dinge, von denen man nicht spricht, ja die man nicht einmal andeutungsweise erwähnt. Effi ist mit einem Mal guter Hoffnung. Wie es dazu kommt, bleibt dem Leser verborgen. (Vermutlich setzt der Autor hier auch einige Insiderkenntnisse voraus.) Selbst ihre Fehltritte vollziehen sich ohne Bett, gewissermaßen in aller Keuschheit. Man erfährt lediglich, dass sie immer wieder einen ganz bestimmten heimlichen Weg geht, schuldbewusst, aber glücklich.

Kunst und Literatur unserer Tage hingegen gelten nur als modern, wenn ihre Figuren in aller Öffentlichkeit ihre Notdurft verrichten, sich erbrechen und ihren Beischlaf vollziehen. Das Pendel hat ins Gegenextrem ausgeschlagen. Die so genannte goldene Mitte ist uns verloren gegangen.

Abstumpfung und Übersättigung aber sind ebenso gefährliche Feinde der echten Leidenschaft wie Verklemmung und Prüderie. Ersteres verlangt nach einer immer höheren Reizschwelle, um zur Befriedigung zu gelangen.

Bei Letzterem verhindert es die Hemmungen. Beide Gegensätze haben einen bedenklichen Berührungspunkt – die Perversion.

Unser Gesamteindruck: Eine wohlausgewogene Mischung zwischen sexueller Offenheit und dem Mut, sich ohne Hemmungen zu seinen Gefühlen zu bekennen, würde jeder Partnerschaft gut tun. Denn nach wie vor ist die Liebe das einzig wahre Argument, eine Partnerschaft einzugehen, die von Dauer sein soll.

Keine Mauern für die Liebe, Gott bewahre! Nur einen Schleier, der sie schützt und ihren Reiz erhöht!

Angaben zu den interviewten Experten

Dr. Martin Bartenstein, Familienminister, Wien

Maria Imlinger, Leiterin des Frauenhauses in St. Pölten

Prof. Dr. Erich Müller-Tyl, Facharzt für Frauenheilkunde in Wien

Dr. Stephan Rudas, Facharzt für Psychiatrie und Chefarzt der psychosozialen Dienste der Stadt Wien

Elisabeth Schwinner, Kindergärtnerin in Maissau/NÖ

Dr. Richard Wandl, Rechtsanwalt in St. Pölten, ehemaliger Präsident der niederösterreichischen Rechtsanwaltskammer

Dr. Johann Weber, Bischof in Graz-Seckau